Cartografía histórica
de Guadalajara

tierra de
guadalajara

138

guías

Francisco Maza Vázquez

Cartografía histórica de Guadalajara

Conocimiento de la ciudad a través del mapa

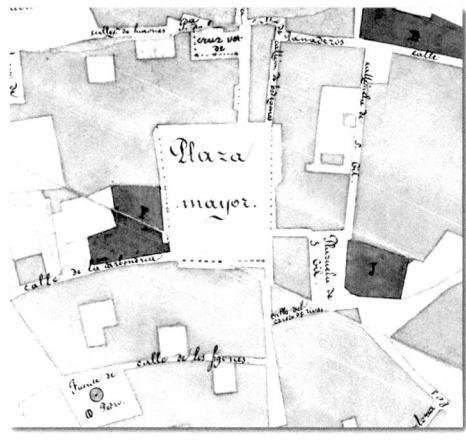

un estudio cartográfico de la ciudad

aache
ediciones

Guadalajara 2026

Producción, maquetación, y edición electrónica:
AACHE Ediciones
C/ Malvarrosa, 2 (Las Lomas) - Telef. 949 220 438
19005 - Guadalajara
E-Mail: editorial@aache.com
Internet: **www.aache.com**

Impresión:
PodiPrint
C/ Cueva de Viera, 2
29200 - Antequera (Málaga)

Impreso en España - Printed in Spain

I.S.B.N. 978-84-19813-99-2
Depósito Legal: GU-42/2026

*Los mapas son parte de la sociedad y su utilización
es necesaria en muchas ramas del saber
(Arocha, J.L., 1978)*

*El mapa es un instrumento de investigación
(Claval y Wieber, 1969)*

*… y de exploración
(Barreré y Cassou-Mounat, 1972)*

ÍNDICE

PRÓLOGO

A muchos de los viajeros que llegan a conocer la ciudad de Guadalajara, y a algunos otros que llevan viviendo en ella pocos años, les sonará el lamento que se viene haciendo desde hace tiempo de que Guadalajara no tiene nada que valga la pena, que se han perdido buena parte de sus edificios reseñables, y que se ha cambiado tanto su urbanismo y estructura que en nada se parece a la de hace 50 años… y algo hay de eso, pero no es para tanto. Porque, al menos, del pasado remoto nos han quedado libros, y escritos, que nos dicen como fue. Y del más o menos reciente, han sobrevivido los mapas y planos que dan fe de cómo fue –y en detalle– esta ciudad hace un siglo, y más. De ello va este libro. De esas memorias dibujadas.

Al pasear sobre las páginas de este libro que ha preparado el profesor Maza Vázquez, se aprecia la calidad de lo que –en tiempos antiguos– fueron haciendo los miembros de la Brigada Topográfica de la Academia de Ingenieros Militares radicada en Guadalajara, y los especialistas geógrafos del Instituto Geográfico Nacional. Todavía, casi dos siglos después, se apresura uno como lector a darles las gracias por su trabajo, por haber conseguido –con paciencia y buen tino– no solo una herramienta de utilidad para la planificación de la ciudad, sino una obra de belleza incontestable. Todos estos planos, estas georreferencias bien construidas, alcanzan esos valores al unísono, y hoy los admiramos como lo que son: piezas de arte y útiles elementos de trabajo, que aún pueden servirnos para mejorar la vida en la ciudad.

De las exposiciones que Maza nos hace, sorprenden sobre todo las que se refieren a los edificios ya desaparecidos: unas veces elementos particulares que daban peculiar horizonte a las plazas y espacios, pero otras se refieren incluso a manzanas enteras, que cayeron en su modo antiguo y han sido sustituidas por barrios construidos, avenidas, parques y espacios de tránsito o apiñamiento vivencial.

Creo que este libro, en su sencillez y pálpito de cotidianeidad, nos ofrece una enseñanza y nos propone alguna tarea de futuro, a la que saludo y aplaudo. Porque ahora, en Guadalajara, más que nunca, se necesitan ideas, proyectos nuevos, y en este tema de los edificios históricos, hay que conseguir resucitar la memoria de los idos, y señalarlos. Por eso es tan acertada la propuesta que, a modo de anexo, hace Paco Maza al final del libro, y que consiste en proponer la instalación de señales sobre el pavimento, con definición de perfiles, colores destacados de solado, y complemento textual con paneles informativos para rememorar la existencia y el lugar donde fueron algunos monumentos. Dos podrían servir de inicio: la antigua iglesia mudéjar de Santiago, en la plaza de España al costado del palacio ducal, y la que fue ermita de la Virgen de la Soledad al inicio del paseo de Las Cruces.

Con esos mimbres, y el estudio georreferencial de toda la ciudad que en este libro nos ofrece el profesor Maza Vázquez, puede construirse un cesto amable que nos permita conocernos mejor, autoidentificarnos íntimamente.

Antonio Herrera Casado
Cronista Provincial de Guadalajara

PREÁMBULO

El objetivo de este trabajo de investigación es analizar la cartografía histórica de Guadalajara, ejecutada en la segunda mitad del siglo XIX por la Brigada Topográfica de la Academia de Ingenieros Militares y por el antiguo Instituto Geográfico y Estadístico, bajo la supervisión de su director Ibáñez de Ibero[1]. Resulta obvia la importancia de los mapas y planos antiguos para el conocimiento de la evolución de los núcleos urbanos.

Desde el punto de vista topográfico y urbanístico esta cartografía es una rica fuente documental para el conocimiento de la geografía y arquitectura histórica de Guadalajara. Compensa la carencia escrita sobre la situación de esplendorosos edificios monumentales, muchos ya desaparecidos, lo que la convierte en una fuente histórica muy valiosa.

Además, este registro cartográfico constituye un instrumento de investigación y de exploración que nos permite conocer y analizar la realidad del territorio y su evolución en los años finales del siglo XIX.

1   IBÁÑEZ DE IBERO F.C. (1815-1891), primer Marqués de Mulhacén, fue el primer director del Instituto Geográfico Nacional, entre 1870 y 1889, y promovió la creación de los cuerpos de ingenieros geógrafos, de topógrafos y de estadística. Ingresó en la Academia de Ingenieros de Guadalajara en 1838.

Historiografía urbana de Guadalajara y origen de la ciudad.

No resulta fácil resumir la evolución histórica de una ciudad que como Guadalajara tiene más de mil doscientos años de existencia, y me atrevo a aseverarlo por darse la circunstancia del extenso estudio que realicé hace ahora 20 años en mi Tesis Doctoral de título "Evolución espacial de Guadalajara según la cartografía"[2], publicada por el Patronato de Cultura del Ayuntamiento de Guadalajara. Buena parte de este trabajo de investigación está basada en ella.

El enclave original de la ciudad de Guadalajara es notablemente estratégico, junto al río Henares, en la vertiente izquierda, aguas abajo, y sobre una extensa superficie en ligera pendiente, de forma triangular, lindante por dos profundos barrancos: el del Alamín, al noreste, y el de San Antonio, al suroeste. El lindero sureste estaba ocupado por una amplia zona de expansión, sin ningún límite natural que favoreciera su defensa. Por ello, en este

---

2   MAZA VÁZQUEZ, F. (2008): *Evolución espacial de Guadalajara según la cartografía*. Edita: Patronato de Cultura del Ayuntamiento de Guadalajara.

extremo, se hizo necesaria la construcción de murallas, torres y puertas de mayor volumen que las que se levantaron en la parte alta de las laderas de los arroyos del Alamín y San Antonio. Así quedó delimitada la ciudad.

El magnífico plano que a continuación se presenta (mapa 1) reconstruye, sin duda, la totalidad del recinto amurallado, precisando la situación de todas las torres, cubos y puertas que lo flanqueaban. Se resaltan las curvas de nivel que evidencian la altura del cerro testigo en el que se encontraba, actuando los arroyos lindantes, El Alamín y San Antonio, como fosos naturales.

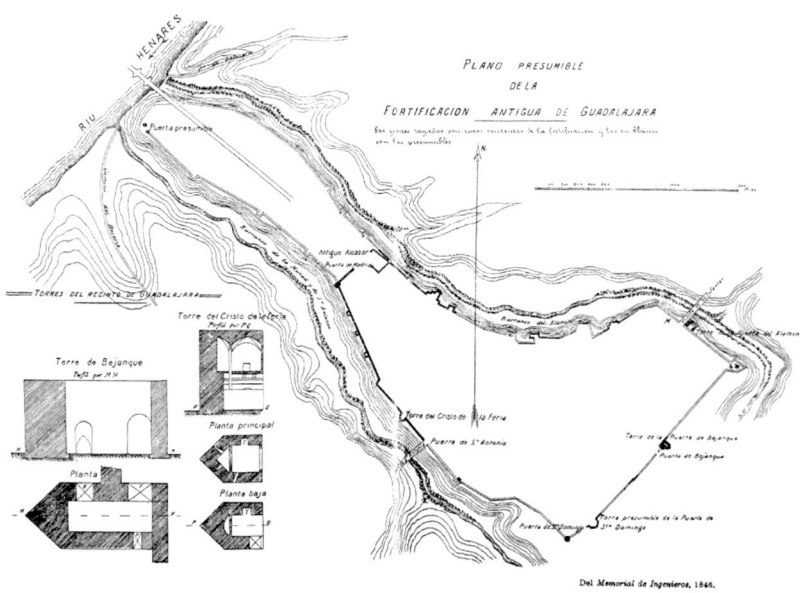

Mapa 1. Plano de la muralla de Guadalajara, publicado en la revista Memorial de Ingenieros. Año 1846.

Según los planteamientos clásicos de la historiografía local y los primeros documentos gráficos encontrados, se nos muestra efectivamente una ciudad amurallada, con asentamientos de población mayoritariamente musulmana y judía. Los primeros pobladores judíos ocuparon la zona llamada "Castil de Judíos", situada fuera de las murallas, a la altura de la denominada Puerta de Alvarfáñez, hasta el río. La judería se situaba en el centro del recinto amurallado ocupando una zona territorial que regulaba la vida civil y religiosa. En este área todavía se conserva el nombre de la calle Sinagoga. Los musulmanes establecían su aljama o morería en el interior de la muralla, aunque según otros autores también debieron poblar las zonas arrabales de El Alamín y la Alcallería (mapa 2).

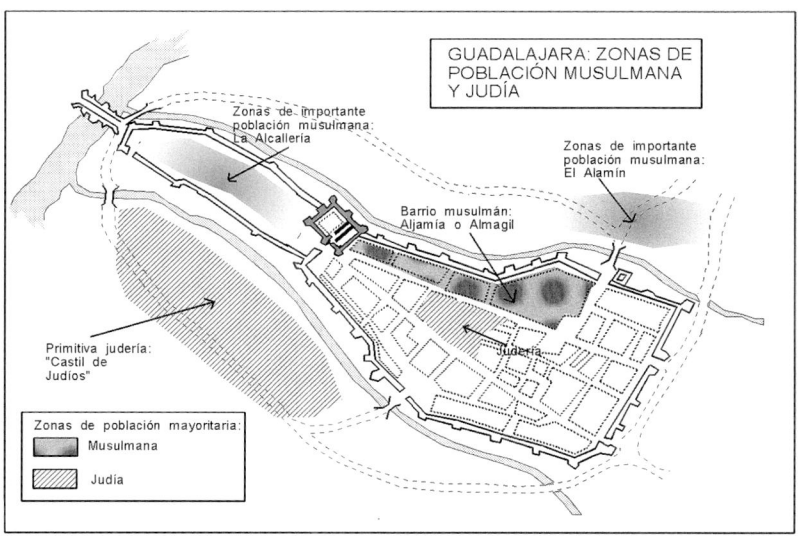

Mapa 2. Zonas de la población musulmana y judía de la antigua Guadalajara, a través de historiadores. Fuente: Ortiz y colaboradores

El germen de la ciudad sería un poblado fortificado, ubicado en el suelo donde luego los musulmanes levantaron su alcázar, que sirvió después a los cristianos para erigir una gran extensión de recinto urbano amurallado, cuya función primordial era la defensa. La dimensión de esta estructura espacial de la ciudad no varió hasta los años centrales del siglo XX.

La mezquita levantada próxima al alcázar, el mercadillo o zoco y naturalmente el propio palacio del Infantado fueron determinantes para definir el núcleo principal. Un entorno que apareció por primera vez como polo de convergencia, centro de irradiación y eje en torno al cual iba a girar la vida urbana. En el mapa 2 expuesto se aprecia con evidente claridad los tres recintos que diferenciaban la ciudad: La Alcallería, el Alcázar y la ciudad amurallada.

También fueron determinantes el río Henares y el punto de encuentro en el que desembocaban los arroyos lindantes San Antonio y El Alamín. En la valiosa imagen, realizada en "perspectiva caballera", de firma ininteligible, que se encuentra en el Archivo Histórico Nacional (ver imagen 1), se nos muestran interesantes detalles del río Henares a su paso por el puente, casi tangente con la Ciudad y de gran influencia en la conformación de la misma y en su evolución espacial.

Se observa, en el ángulo superior izquierdo de esta imagen, la puerta al recinto de La Alcallería. Junto a ella una parroquia o ermita coronada por una cruz, que por su situación pudiera tratarse de la iglesia de San Julián. Sobre el mismo puente se situaba una torre, hoy desaparecida, que incluía en su base, igualmente una puerta como antesala a la entrada de la Ciudad. Era la denominada "Torre del peso" donde se controlaba el pontazgo.

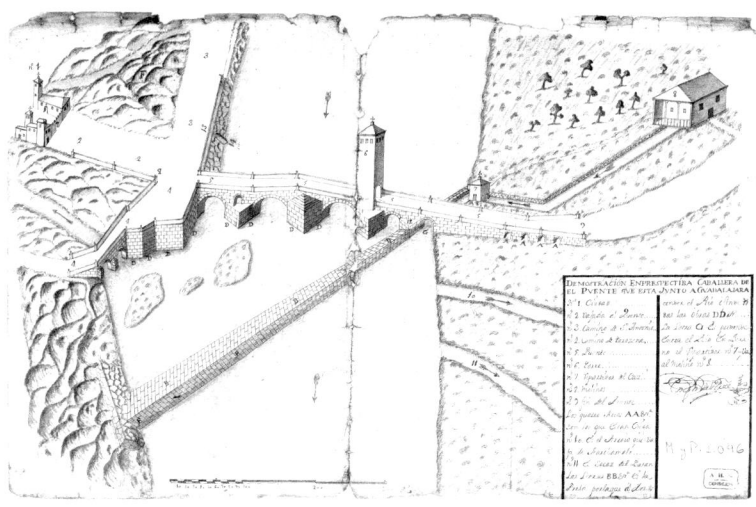

Imagen 1. Perspectiva caballera del puente sobre el río Henares y entrada a la Ciudad. Fuente: Archivo Histórico Nacional

Antes de alcanzar la puerta de La Alcallería, pasado el puente, se bifurcaban dos caminos, el primero con trazado paralelo al río, denominado "camino de San Antonio", por su comunicación con el Barranco del mismo nombre y el segundo llamado "camino de Taracena", hoy convertido en vía pecuaria cuyo nombre es "La Salinera", con conexión hasta el pueblo de Taracena, convertido más tarde (en los años sesenta del siglo XX) en barrio anexionado de Guadalajara.

Toda la parte derecha de la imagen se encuentra ocupada por huertas y en el ángulo superior derecho se halla la "casa del molino" que producía la energía mediante el agua del río. Cercano a éste, en la parte central derecha, se sitúa la caseta, sobre el "caz", señalada con el nº 7, que hoy todavía se conserva.

El grafiado señalado a ambos márgenes del río delata la topografía del terreno. La zona derecha de la imagen, de topografía llana, con uso específico de huertas, señaladas con puntos y algunos árboles frutales, junto al molino. En la parte izquierda, en el otro margen del río, la imagen nos muestra una zona escarpada, de topografía abrupta, como realmente es.

Llama la atención, sin embargo, la dirección de las flechas que señalan el sentido contrario que lleva la dirección del agua, tanto en el río, como en los "caces" o pequeños arroyos que desembocaban en el mismo. Uno de ellos, cuyo cauce hoy todavía se conserva, arroja las aguas provenientes del pueblo de Marchamalo, por eso se denomina *arroyo de Marchamalo*.

En la parte inferior de la imagen se señala una escala gráfica que nos ayuda a deducir, junto con los elementos todavía existentes en la zona, la escasa distancia que separaba la entrada al recinto de La Alcallería de la Ciudad con respecto al puente. Al existir, como hemos apuntado, la caseta situada sobre el "caz", señalada con el número 7 y los muros que encauzan las aguas del río en la margen opuesta, deducimos que dicha entrada a la Ciudad distaba aproximadamente unos cincuenta metros del puente.

En cuanto a la disposición del recinto urbano, denominado anteriormente como ciudad amurallada, se han elaborado algunas hipótesis, con ayuda de croquis anónimos, encontrados en el Archivo Militar, que nos muestran el grafiado de su morfología y sobre ella la proyección de dibujos que simulan imágenes y que a modo de signos convencionales nos da espacialmente la situación de edificios o monumentos significativos (ver croquis 1 y 2).

Estos croquis, aun teniendo tal categoría y nunca la de plano, señalan en sus márgenes los cuatro signos cardinales y llama la atención la perfecta orientación dispuesta, a pesar de que "*oriente*" lo sitúa al norte del croquis. Ambos están fechados a principios del siglo XIX, según se observa en el texto explicativo de la parte superior.

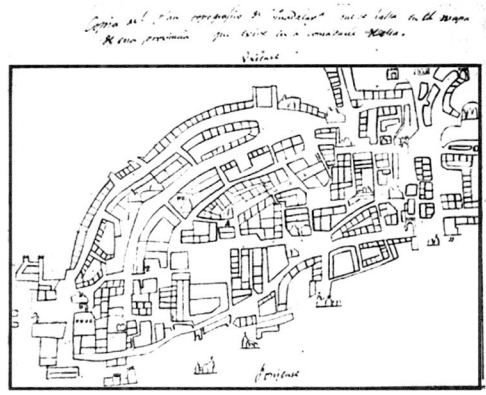

Croquis 1. Dibujo anónimo de Guadalajara a principios del siglo XIX.
Fuente: Archivo Militar

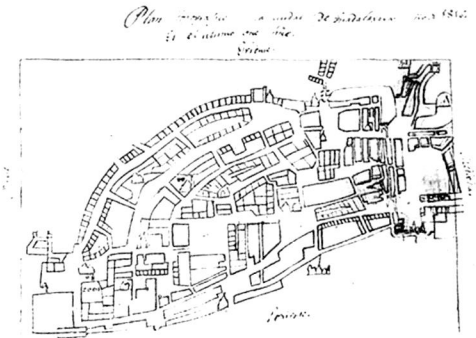

Croquis 2. Dibujo anónimo de Guadalajara a principios del siglo XIX.
Fuente: Archivo Militar

Son dibujos muy esquemáticos, de autor o autores desconocidos, que nos muestra un caserío ingenuamente representado y en los que, por encima de su simplicidad, destaca la información recogida en ellos.

De su lectura se desprende que el recinto urbano debió estar constituido inicialmente por un tejido indiferenciado de acuerdo con su origen islámico, calles tortuosas y adarves, que por otra parte se adaptaban perfectamente a lo accidentado del terreno.

Como ciudad de paso, es posible que desde sus orígenes estuviera libre el paso interior por la puerta de la Alcallería, y que en las proximidades de las puertas, así como alrededor de las mezquitas y del segundo recinto, El Alcázar, se ubicasen los espacios libres donde se desarrollaba la vida pública. Parece lógico pensar que las mezquitas y edificios representativos se convirtieran en iglesias, conventos y templos en la ciudad cristina.

El estudio y análisis morfológico de la Ciudad lo conocemos también gracias a insignes autores e historiadores del arte y del urbanismo, como Ortiz, A. y colaboradores (1998), con su obra "Historia de Guadalajara"[3], donde se describe de forma rigurosa la visión de Guadalajara y su historia desde sus orígenes, Herrera Casado, A. (1992) en "Historia de la Ciudad de Guadalajara"[4], que ofrece la imagen de la Ciudad en sus aspectos histórico y patrimonial, y Layna Serrano, F. (1942) en "Historia de Guadalajara y los Mendoza en los siglos XV y XVI"[5], que nos ilustra en cuatro

---

3   ORTIZ, A y colaboradores: *Historia de Guadalajara*. AACHE Ediciones, Guadalajara (2006).

4   HERRERA CASADO, A. (1992). *"Historia de la Ciudad de Guadalajara"*. AACHE Ediciones, Guadalajara.

5   LAYNA SERRANO, F. (1942). *Historia de Guadalajara y los Mendoza, en los siglos XV y XVI*. Madrid, Editorial Aache. 2ª edición 1993. Tomo I.

tomos cómo era la ciudad en la época del Cardenal Mendoza y otros aspectos de interés en la vida de Guadalajara durante estos siglos.

Así mismo, gracias al historiador Pedro José Pradillo y Esteban podemos contar con una serie de documentación gráfica y de estudios urbanísticos muy útiles. Nos lo muestra este autor en su ensayo "Hacia una Historia Urbana de Guadalajara"[6], en el que ha demostrado que, respecto a las fuentes históricas de la ciudad, la parcela documental presenta serias lagunas ciertamente insalvables.

De hecho, según Pradillo, tanto el Archivo Municipal como el Histórico Provincial, carecen de documentos representativos para el conocimiento de la Guadalajara medieval, pues sus series se inician en el año 1500, y en contadas excepciones, antes de esa fecha. En definitiva, es muy limitado el número de artículos de investigación y de urbanismo relativos a la Guadalajara del medievo.

Solo las obras de Aurora García Ballesteros, en "Geografía urbana de Guadalajara"[7] y el propio P.J. Pradillo y Esteban, en "El desarrollo histórico del casco antiguo de Guadalajara"[8] se ocupan del desarrollo urbano de la Ciudad en base a distintas fuentes documentales, que varían según el período histórico a estudiar y siempre conjugando factores que más tienen que ver con la geografía urbana y con datos poblacionales y demográficos.

---

6   PRADILLO ESTEBAN, P.J. (1997). *"Hacia una Historia Urbana de Guadalajara"* (en Fuentes Documentales y Bibliográficas para la Historia de Guadalajara. Siglos XVI a XIX, Guadalajara, pp. 95-115).

7   GARCÍA BALLESTEROS, A. (1978): *Geografía Urbana de Guadalajara*. Madrid. Fundación Universitaria Española.

8   PRADILLO ESTEBAN, P.J. (1991). *"El desarrollo histórico del casco antiguo de Guadalajara"*, en Wad-al-Hayara, nº 18, págs. 299-343.

Los procesos de decadencia y desarrollo sufridos en Guadalajara a lo largo del tiempo se pueden saber a través de la cartografía o de representaciones gráficas que nos muestran su dinamismo, como ciudad viva que es. Así, será necesario esperar al asentamiento de la familia Mendoza y su corte local, para observar mapas donde la ciudad experimenta una transformación más profunda.

El estudio y análisis de los planos y mapas que componen la cartografía son una fuente inagotable que nos da respuesta a múltiples preguntas que de otra forma no hubiera sido posible responder. En este sentido es obligado reconocer la labor de organismos oficiales como la Brigada Topográfica de la Academia de Ingenieros Militares, que se instaló en Guadalajara en el año 1833, y del Instituto Geográfico y Estadístico, que nos regalaron planos y mapas de la Ciudad.

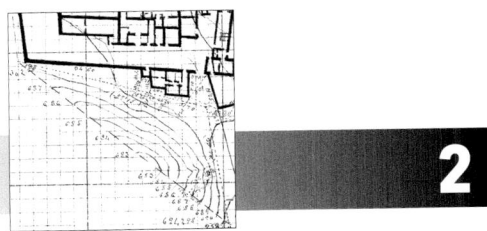

2

Primeros documentos gráficos: Las Vistas

No disponemos de ninguna representación gráfica de Guadalajara anterior a las vistas de Antón Van Der Wyngaerde[9] y de Pier Maria Baldi[10], de 1565 y 1668 respectivamente. Estas vistas o dibujos, realizados desde dos puntos de vista diferentes, intentan reflejar la forma de la ciudad en su conjunto a través

9   ANTON VAN DER WYNGAERDE, (1512-1571). Nacido en Amberes, fue un notable dibujante paisajista flamenco del siglo XVI que se hizo famoso por su impresionante colección de vistas detalladas de pueblos y ciudades españolas. Se formó como dibujante en los Países Bajos y amplió su horizonte artístico viajando por Italia entre 1552 y 1553. Su talento captó la atención del rey Felipe II. Sus dibujos son famosos por su precisión y detalle, ofreciendo vistas panorámicas a «vista de pájaro». Sus obras no solo documentan cómo eran estas ciudades en el siglo XVI, sino que también reflejan la grandeza y el poder de la España de Felipe II.

10   PIER MARIA BALDI (Florencia, 1630-1686) fue un arquitecto y pintor barroco italiano. Viajó por España, Portugal y Francia en el séquito de Cosme de Médici (1642-1723), heredero del Gran Ducado de Toscana. Baldi dibujó vistas panorámicas de cada una de las poblaciones en las que paró la comitiva, y en todas se evidencia su formación como arquitecto. Sus obras se conservan en dos volúmenes guardados en la Biblioteca Mediceo-Laurenciana de Florencia.

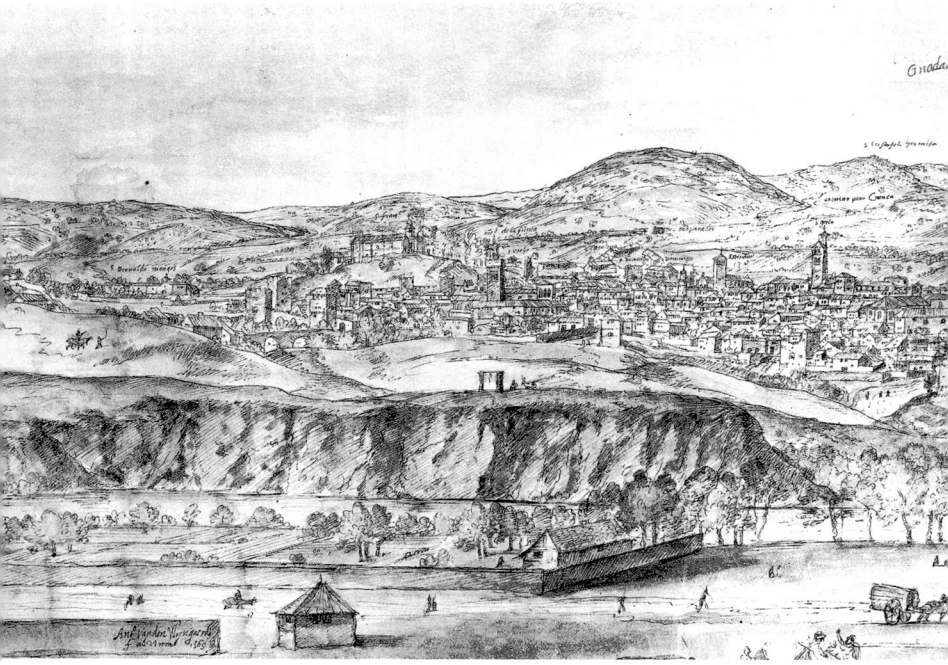

Imagen 2. Vista de la Ciudad de Guadalajara de Antón Van der Wyngaerde.

Año 1565

de la imagen. La fisionomía de la Ciudad la debemos deducir a partir del análisis de las edificaciones y espacios representados en estas vistas que dan respuestas espaciales a las que, en algunos casos, llegan los historiadores a través de otro tipo de documentos.

En la representación (imagen 2) que realiza Antón Van der Wyngaerde, Guadalajara se encuentra situada en la margen izquierda, aguas abajo, del río Henares, sobre una ladera que desciende desde la meseta alcarreña y que entronca con el río por cortados o escarpes, completamente verticales, que pueden alcanzar hasta los ochenta metros de altura. En la margen derecha se extiende la llanura que conforma la Vega del Río Henares, por

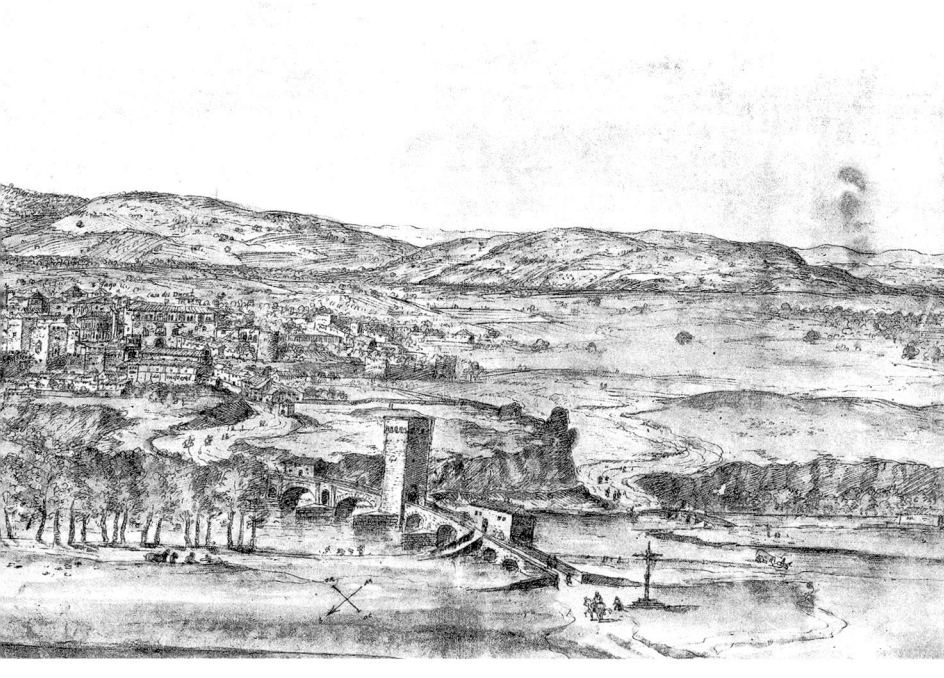

lo tanto, si observamos esta representación se puede apreciar que el punto de vista elegido es un punto irreal ya que no existe ninguna elevación en el lado del río desde donde se representa. Este punto de vista elegido, a *"vista de pájaro"*, es la única forma en que Wyngaerde puede representar a la ciudad en toda su extensión.

La ciudad espacialmente seguía limitándose al recinto amurallado medieval, todavía bien conservado, con unos arrabales mínimos. El recinto amurallado medieval, aquí se puede recorrer sin problemas ya que se encuentra completo. Aparece en primer término, sobre el barranco del Alamín, el Alcázar árabe-cristiano que se recorta sobre el caserío. Igualmente se representan construcciones, que en esa época se encontraban muy apretadas, al contrario de lo que sucede en la actualidad.

A través de esta representación se puede apreciar con toda claridad el ámbito geográfico en el que se sitúa la ciudad y donde juegan un protagonismo especial los edificios públicos, resaltando sobre las viviendas, por las grandes dimensiones en superficie y altura, sus grandes torres y los campanarios de sus templos.

Pier María Baldi, con el fin de abarcar la ciudad en toda su extensión (imagen 3), elige un punto de vista situado al otro lado del Barranco del Alamín, cerca del camino Real de Aragón, en las proximidades de la entrada a la ciudad por la puerta de Bejanque, camino que estaba situado entre dos conventos existentes fuera de los muros de la población, el de San Francisco y el de San Bernardo, a los que más tarde veremos representados en la cartografía del siglo XIX. En la parte inferior izquierda vemos a una comitiva formada por un numeroso grupo con caballos y carretas que se dispone a entrar en Guadalajara.

Llama la atención, con respecto a la representación anterior, que como consecuencia del punto de vista elegido, la representación es más limitada. Además, el pintor y arquitecto Pier María Baldi, prescinde casi por completo del fondo. Elimina el paisaje posterior, salvo en la parte lateral derecha para no interferir con el objeto principal de la representación que es la vista de la ciudad. El paisaje representado es el que corresponde a las márgenes del barranco de El Alamín, que se sitúa en un primer término.

Se aprecia en la representación que la ciudad no había cambiado con respecto a la anterior vista expuesta un siglo antes por Antón Van der Wyngaerde. El recinto amurallado se sitúa en el triángulo delimitado por los barrancos de El Alamín, San Antonio y el río Henares, donde vierten ambos barrancos, y una línea que unía las puertas de Bejanque y del Mercado, en la zona donde la ciudad carecía de defensas naturales, y los pequeños arrabales situados fuera de la cerca.

Imagen 3. Guadalajara a mediados del siglo XVII. Año 1668. Acuarela de Pier María Baldi. Biblioteca Laurenziana de Florencia

El carácter defensivo de la ciudad claramente quedaba reflejado en la representación del XVI, sin embargo en la del XVII se desdibuja y cuesta trabajo seguir el trazado de la muralla, apreciándose únicamente algunos elementos que cambian, como puede ser el torreón del Alamín, donde se observa que ha desaparecido la cubierta que lo remataba en la parte superior.

Ambos autores, Antón Van der Wyngaerde y Pier María Baldi, nos muestran a una ciudad medieval en la que no falta la señalización de la muralla, y el "arropo" que hacían de la urbe. Además observamos cómo Guadalajara se enmarca en un lugar difícilmente expugnable, en mitad de la confluencia de dos accidentes geográficos aludidos como obstáculo para el enemigo; los arroyos de San Antonio y del Alamín.

En la vista de Antón Van der Wyngaerde, en primer término, se señalan los cortados, casi perpendiculares del río, y en la vista de Pier Marié Baldí se presenta a Guadalajara implantada en un terreno con una topografía muy ondulada, incluso irregular, que condiciona la especial fisionomía de la Ciudad, y donde se adivina el trazado de sus calles pintorescas, con grandes pendientes, estrechas y sinuosas.

Estas estructuras topográficas fundamentales, junto con los monumentos y los edificios que contiene, dan grandeza a una Ciudad de singular belleza y carácter, propia de conjuntos urbanos medievales. También la existencia de las murallas, que definen las ciudades medievales, engrandece el entorno de las mismas con sus volúmenes escalonados y siempre presididos por la dominante del castillo, como apunta Chueca Goitia[11], en su obra "Breve historia del urbanismo". En nuestra Ciudad y en las vistas analizadas, el

---

11 CHUECA GOITIA, F. (1998): *Breve historia del urbanismo*. Alianza Editorial. Madrid.

"castillo" es sustituido por el Alcázar, el Palacio del Infantado y el Convento de San Francisco.

El espacio ocupado por las instalaciones religiosas, separadas por ermitas, parroquias y conventos, cuyo reflejo se deja ver en estas "vistas" y en los documentos facilitados por los historiadores, se han trasladado a la situación que tenían en la Ciudad, a través de un plano temático (mapa 3), manzanero, con la delimitación de la ciudad del siglo XVII. Gracias a los estudios históricos podemos asegurar que en esa época Guadalajara, denominada ciudad conventual, contaba con catorce (14) conventos, diez (10) parroquias y una (1) ermita, la de Nuestra Señora de la Soledad.

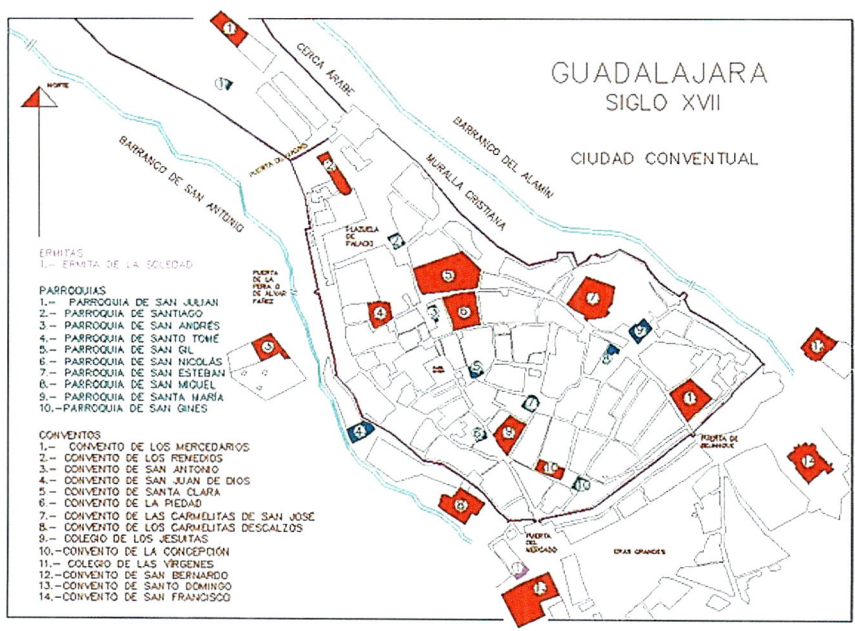

Mapa 3. Guadalajara, ciudad conventual. Siglo XVII. Elaboración propia

En el plano se muestra la situación y planta de cada una de estas instalaciones religiosas, las parroquias en color azul, los conventos en color rojo y la única ermita, situada al comienzo del Paseo de las Cruces, en color morado. En la leyenda del plano se señala la denominación del monumento.

Igualmente podemos extraer la situación espacial que tenían las diferentes parroquias y conventos con la lectura meticulosa del dibujo realizado en el primer cuarto del siglo XIX, de autor desconocido (croquis 3). En la leyenda del mismo se puede leer, con cierta dificultad, la situación de la riqueza patrimonial que poseía la Ciudad.

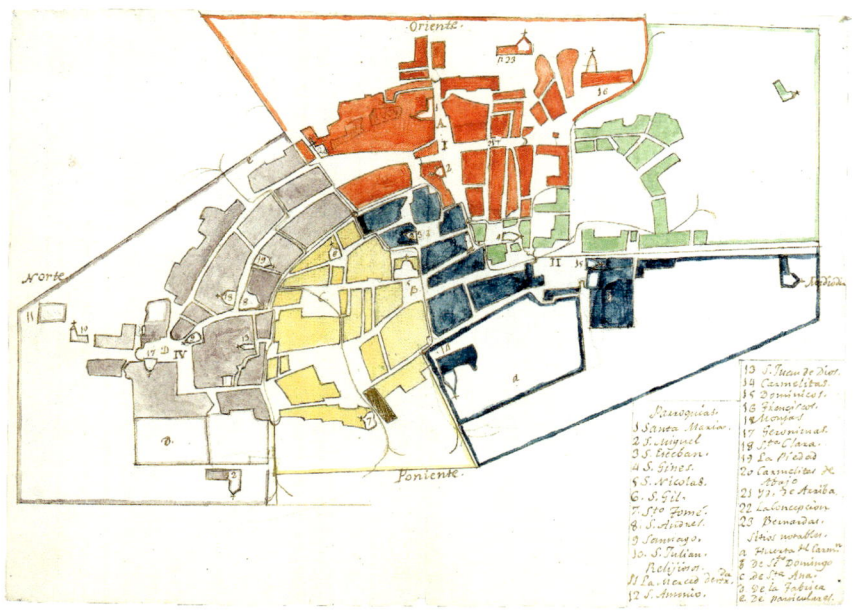

Croquis 3. Dibujo de Guadalajara. Anónimo. Primer cuarto del siglo XIX.
Fuente: Archivo Militar

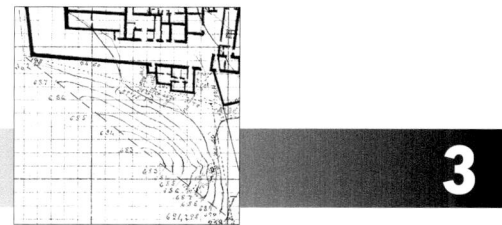

3

Justificación de la investigación

Es evidente que la existencia de las vistas de los siglos XVI y XVII nos ayudan a apreciar cómo era Guadalajara en la época medieval. Sin embargo no se conoce otro tipo de representación de la Ciudad que no fueran éstas.

Sólo hemos encontrado en el Archivo Histórico Nacional un plano inédito que recoge la representación de un detalle de la Ciudad, concretamente la Plaza Mayor y sus aledaños (mapa 4). Es el plano más antiguo que se conoce. Está fechado el día 29 de febrero de 1792.

Aunque su geometría no es perfecta, si la comparamos con planos realizados en fechas posteriores, sí nos da información sobre la ubicación que tenían diferentes edificios significativos de la ciudad, como la Iglesia de San Gil (recinto "A", señalado con una cruz), la Posada de su mismo nombre, San Gil (recinto C), la Plazuela (recinto B), y con el recinto "D", la casa de D. Antonio Masanes, probablemente persona importante e influyente de esa época.

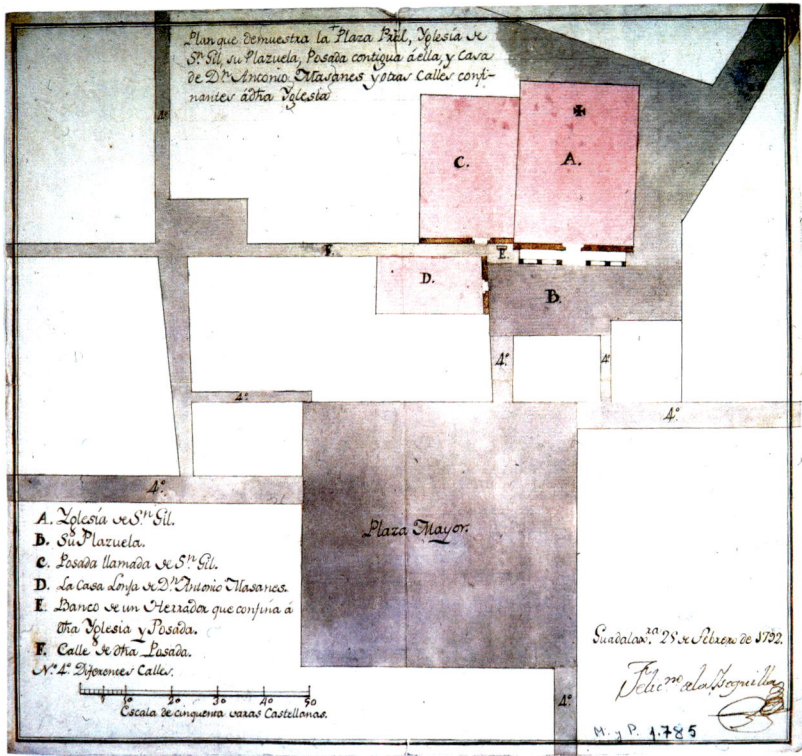

Mapa 4. Plaza Mayor de Guadalajara. Año 1792. Fuente: Archivo Histórico Nacional

El trazado de sus calles, con alineaciones rectas, solo trata de separar espacios y diferenciar los distintos caminos que se podían tomar para llegar a la Iglesia de San Gil y sus alrededores desde la Plaza Mayor; a estos caminos denominados como N° 4° en el plano, se les da el nombre genérico de "diferentes calles".

De cualquier forma, la carencia de cartografía histórica de Guadalajara anterior al siglo XIX justifica la elaboración de esta comunicación, sobre todo si queremos saber cómo era realmente la ciudad, cómo estaban distribuidas las edificaciones, cuál era su organización y cómo ha evolucionado su entorno habitable a lo largo del tiempo.

En este sentido, la Brigada Topográfica de la Academia Militar de Guadalajara y el Instituto Geográfico y Estadístico, representaron a Guadalajara y su entorno en la segunda mitad del siglo XIX, dejándonos una colección de planos y mapas que se han utilizado como herramienta de análisis histórico, geográfico y sociológico revelado en la estructura de sus calles, edificios y espacios públicos. En toda esta cartografía se muestra a Guadalajara como un organismo vivo, con un dinamismo propio de una población que evoluciona a lo largo de los siglos.

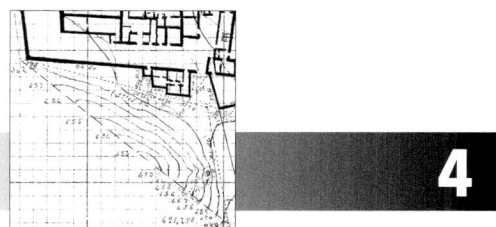

4

Cartografía histórica.
Herramienta para conocimiento
del patrimonio arquitectónico.

Como hemos comprobado tanto en las vistas como en el croquis expuesto y en la reconstrucción espacial hecha de la ciudad en el mapa 3, "Guadalajara ciudad conventual", nos muestra una urbe que disponía de un rico patrimonio arquitectónico. No obstante el desarrollo urbano y la prosperidad mal entendida motivaron la destrucción de la mucha riqueza monumental. Su casco histórico presenta en la actualidad un panorama desolador formado por unos pocos edificios interesantes, absolutamente descontextualizados y multitud de solares que muestran una trama urbana incoherente a los ojos de sus habitantes y de los visitantes foráneos.

Gracias precisamente a la colección de planos y mapas históricos conocemos la ubicación exacta de los edificios antiguos que componían el patrimonio de la Ciudad, como por ejemplo, y entre otros, la ya mencionada parroquia de San Gil ubicada en la Plaza del Concejo, los palacios de los Vizcondes de Palazuelos,

VISTA DE LA ACADEMIA DE INGENIEROS, TOMADA DESDE LA PLAZUELA DE SANTIAGO.—GUADALAJARA.

Imagen 4. Dibujo de la antigua Parroquia de Santiago y el edificio donde residía el marqués de Montesclaros. Grabado de Rico, año 1864. "El Museo Universal". Biblioteca Nacional

del siglo XVI, en la plaza de San Esteban, y el de los Labastida, que estaba situado donde se levantó el antiguo edifico de los juzgados de la plaza de Beladíez, o la Casa Noble de los Bedoya, situada en la Cuesta de Cervantes, derruida hacia el año 1940 para construir en su solar el Instituto Nacional de la Seguridad Social y un Centro de Salud.

La cartografía histórica también nos señala la situación en la que se encontraba la parroquia de Santiago y el edificio donde residía el marqués de Montesclaros (imagen 4), construido durante la segunda mitad del siglo XVI. Se emplazaba en la actual plaza de España, antes llamada de La Fábrica, entre el Palacio del Infantado y la Iglesia de Los Remedios.

Precisamente este edificio fue cedido en 1832 al cuerpo de Ingenieros Militares, que más tarde se convirtió en la Academia Militar de Ingenieros, (imagen 5) sin duda primera universidad politécnica de nuestro país. Allí se ubicaba la Brigada Topográfica que realizó gran parte de la cartografía histórica de nuestra Ciudad. Desgraciadamente el edificio desapareció debido a un incendio propagado en la noche del día 9 al 10 de febrero de 1924.

Imagen 5. Conjunto arquitectónico de Guadalajara. En el centro la Academia militar de Ingenieros. A la derecha, el Palacio del Infantado.
Fuente Biblioteca Virtual de Ministerio de Defensa.

El proceso de colonización de estos y otros edificios, como iglesias, palacios, conventos y casonas fue determinante en la estructuración espacial de la ciudad. Se consolidó su compacto caserío, rodeado por calles estrechas y tortuosas. También se construyeron los principales monasterios y pasillos o caminos de ronda situados en la parte posterior de una muralla de mayor desarrollo e importancia defensiva que delimitó la nueva ciudad.

Éstos y otros muchos monumentos históricos que engalanaban el patrimonio de la ciudad los iremos tratando en esta investigación con ayuda de la cartografía histórica que nos facilita la situación exacta que tenían todos ellos en la trama urbana y su recinto.

Sin embargo no solo la cartografía histórica es instrumento para el conocimiento de la ciudad, también en legajos manuscritos y en los fondos del Archivo Histórico Nacional encontramos documentación referente a la historia y ubicación de parroquias y monasterios que nos dan traslado sobre sus propiedades y configuración de todas esas superficies de orden sacro.

Ejemplo de éstos son los conventos de Santa Clara, y el de la Merced, conocido bajo la advocación de San Antolín. El primero fue fundado entre los siglos XIII y XIV, en el centro urbano, sobre propiedades de la comunidad hebrea, donde la aljama judía se reasentó tras la conquista cristiana, y el de San Antolín, fundado en el año 1300, ejemplo histórico de la organización urbana medieval, construido en la zona oeste de la ciudad, en la franja que se extendía a lo largo de todo el arrabal de la Alcallería.

Al tratar de conocimiento patrimonial y su representación espacial, es obligado destacar los estudios e investigaciones arqueológicas realizados de los restos de muralla que envolvían la ciudad, pues permiten el conocimiento del perímetro de los sucesivos recintos y primeros enclaves poblacionales de las manzanas o la disposición de los viales, así como la reconstrucción evolutiva de su historia urbana en épocas más antiguas.

En este sentido, mención especial se debe hacer al autor Basilio Pavón Maldonado[12] que aporta un novedoso estudio arqueológico de restos medievales de la Ciudad (puente, murallas, alcázar, conventos) con la intención de analizar los procesos constructivos y expansivos de Guadalajara.

Así mismo, el equipo formado por Mari Luz Crespo y Miguel Ángel Cuadrado[13] realiza excavaciones que revelan nuevos datos de la Guadalajara islámica, como ocupación del suelo artesanal y habitacional, que sin duda esclarecen el plano de la ciudad medieval.

---

12 PAVÓN MALDONADO, B. (1988): *Guadalajara medieval. Arte y arqueología. Árabe y mudéjar*, Madrid. Teorías y conclusiones luego reiteradas en su artículo "*Guadalajara medieval. De la ciudad árabe a la cristiana. Testimonios arqueológicos*", En el IX Centenario de la conquista de Guadalajara, Guadalajara, pp. 27-52.

13 CRESPO CANO, M. L. y CUADRADO PRIETO, M. A. (1992), "*Arqueología urbana de Guadalajara: Un avance del plano arqueológico de la ciudad*", en Actas del III Encuentro de Historiadores del Valle del Henares, Guadalajara, 1992, pp. 17-32; "*Un alfar hispano-musulmán en la plaza de la Antigua (Guadalajara)*", en Wad-Al-Hayara, 19, 1992, pp. 9-38. y de CUADRADO PRIETO, "*Un hogar musulmán en el solar del Palacio de los Guzmán*", en Actas del III Encuentro..., op .cit., pp. 79-92.

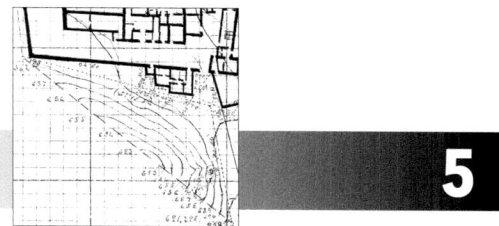

5

Topografía y cartografía. Análisis de los planos históricos de Guadalajara.

Al tratar de topografía y cartografía quizás diera la impresión de estar refiriéndonos a ciencias o disciplinas diferentes y sin embargo nada más lejos de la realidad. La topografía facilita a la cartografía la obtención de datos para una representación precisa y veraz.

Ambas trabajan juntas para representar de manera comprensible un entorno geográfico basándose en la geometría y la trigonometría. La topografía proporciona los datos precisos que la cartografía transforma en productos visuales, como mapas topográficos o temáticos. Dicho de otra forma, la cartografía es el proceso de convertir datos topográficos en mapas y planos.

Con la topografía medimos todo lo que exista en un determinado entorno geográfico y con la cartografía representamos ese entorno. En definitiva, estas disciplinas desempeñan un papel esencial en la elaboración de mapas y la visualización de datos espaciales.

En el ámbito de los mapas históricos, mediante la topografía y la cartografía estudiamos la evolución del terreno, el paisaje urbano, el patrimonio contenido en él y su representación a lo largo del tiempo.

Así, podemos contemplar que en la cartografía histórica, realizada por la Brigada de los Ingenieros Militares, se muestra la Ciudad de Guadalajara y su entorno tal y cómo era en la segunda mitad del siglo XIX, con todos y cada uno de los conventos, edificios de interés y parroquias que se encontraban en pie. Usaban para su representación los instrumentos y las metodologías más modernas, y en ocasiones la cartografía resultante significaba para ellos el elemento base fundamental para el análisis y conocimiento también del terreno.

En otras ocasiones se utilizaba la cartografía como herramienta de maniobras militares, insertando en ella por procedimientos de topografía clásica, los ejercicios castrenses a practicar. Son los primeros levantamientos que se conocen. En el mapa 5 se ven representadas las prácticas de los ingenieros militares en la margen derecha, aguas abajo, del río Henares, a la altura de donde hoy se ubica el barrio de Los Manantiales.

Se reflejan, mediante alineaciones las distintas direcciones de "flancos de frente" y mediante polígonos los levantamientos de diferentes tipos de puentes e hipotéticas entradas a galerías de minas o trincheras de la escuela de *zapa*, e incluso se señalan

Mapa 5. Plano de Guadalajara en el siglo XIX
e inserción de prácticas militares.
Fuente: Archivo Militar de Guadalajara

PLANO de GUADALAJARA

y sus contornos

ESCUELA PRACTICA.

Ejercicios generales y simultaneos.

A. Escuela de minas : a . entrada á la galería principal :
  pozos : ramales de b . minas artesianas : e . minas de po-
  gozzini d . Aljibes. noria.
B. Escuela de zapa . e . construccion de materiales :
  f . trinchera simple g . zapa volante. linea de Boa
  tielt : h . caballero de trinchera ordinaria celerra
C. Escuela de puentes :
  i . puente de pontones antiguar
  l . a la Thierry
  m . de gonza.
  n . forogo. caballete
  o . al flotante
  p . id . al somo .
  q . calzada flotante .
D. Fabrica de puente .
E. Ataque .

con signos convencionales las prácticas que tenían relación con *puentes* y *ataques*. En la leyenda del mapa se denomina, mediante una "letra vocal mayúscula", a cada una de estas maniobras que facilitan su interpretación. En definitiva, el mapa adquiere protagonismo para los militares, como casi siempre ha sido, esencial para la planificación estratégica y táctica.

Este plano ayuda, además, a conocer los extrarradios del casco urbano, perfectamente representado, si lo comparamos con cartografía ejecutada en épocas posteriores con unas metodologías más modernas y precisas. El levantamiento de vaguadas utilizando procedimientos de sombreado nos indican la topografía accidentada del suelo rústico que bordeaba la estructura urbana de Guadalajara. La dirección y pendientes de los múltiples barrancos se interpretan con facilidad sin necesidad de acudir a las difuminadas curvas de nivel. Esta topografía, casi abrupta, del contorno de la Ciudad va a tener una gran influencia en la evolución y dirección del crecimiento de su casco urbano.

También el mapa de título "Guadalajara y sus contornos hasta la distancia de dos mil varas", (mapa 6) está levantado para un simulacro de instrucción de ingenieros y para la señalización de las posiciones notables de las tropas. En él se nos muestra una ciudad con un núcleo urbano compacto, rodeado por la muralla medieval. Únicamente quedan fuera del recinto cercado pequeños

Mapa 6. Guadalajara y sus contornos hasta la distancia de dos mil varas de la Brigada Topográfica de Ingenieros Militares.
Fuente: Archivo Militar

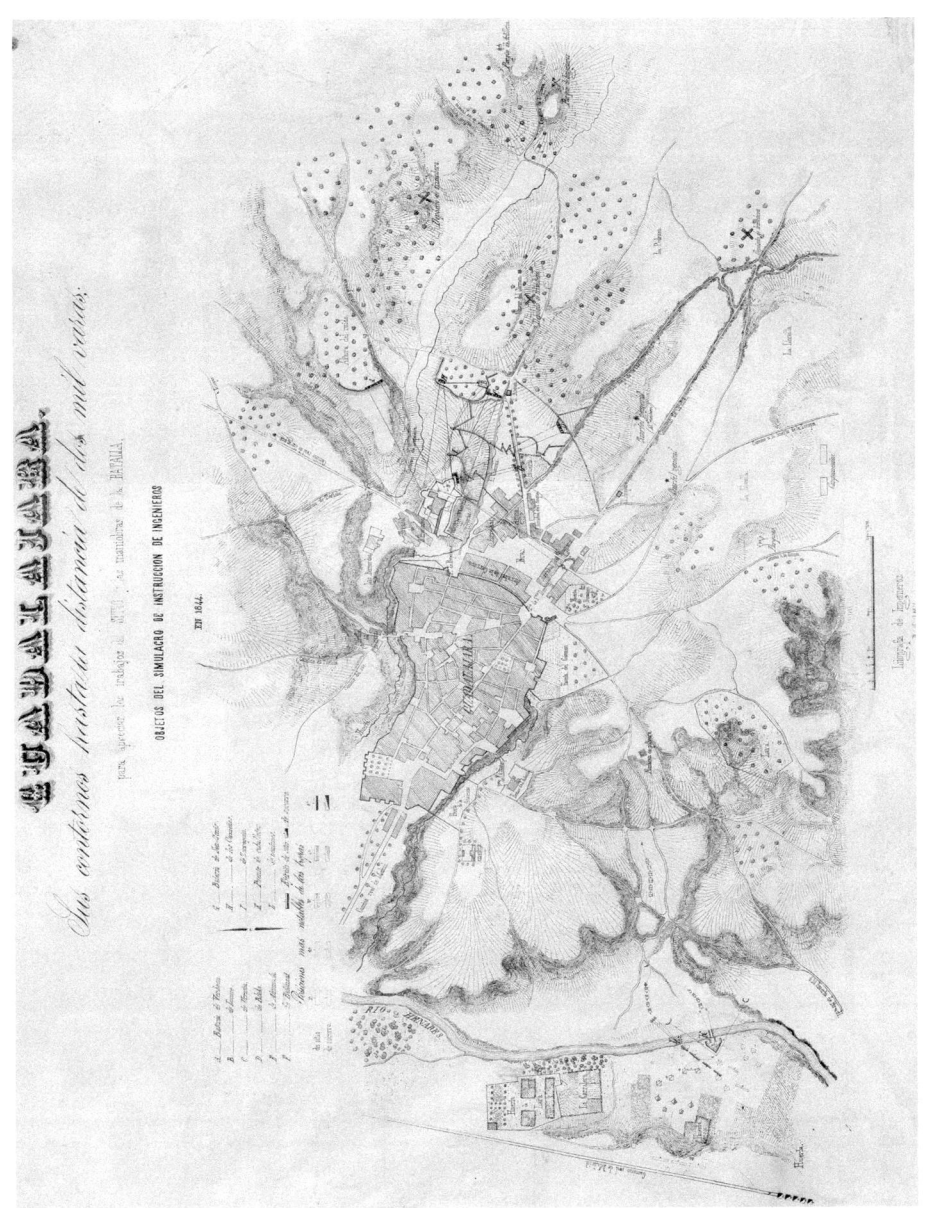

grupos de casas denominados arrabales de la Carrera, del Agua, de San Roque y de El Amparo o Santa Catalina, además de la Alcallería y los conventos que se levantaron extramuros.

La información contenida en él, aunque el objeto de sus trazas es aportar una base cartográfica a unas maniobras militares, es realmente interesante. Se representa la trama urbana sin demasiada precisión, incluso se aprecian errores en el trazado de algunas calles si se compara con otros dibujos y planos posteriores, sin embargo el grafismo utilizado se corresponde con el intento de aportar una visión clara e inequívoca del conjunto edificado y su significado como núcleo de población.

La experiencia de los ingenieros militares en el análisis estratégico de las ciudades como posibles objetivos, unas veces para su fortificación, defensa o evacuación, otras para su conquista y ocupación, aporta un punto de vista especialmente importante en el caso de Guadalajara, ciudad de alto valor geoestratégico.

En este plano, del año 1857, se acentúan los elementos que definen su perímetro, los bordes, las paredes, como si de un organismo perfectamente conocido se tratase, aunque ya habían desaparecido la mayor parte de los lienzos que integraban la muralla debido a la desamortización de Pascual Madoz[14], de 1855, quizás de mayor volumen de ventas que la de Mendizábal.

Esta Ley de Desamortización supuso la venta forzosa no solo de bienes pertenecientes al Estado y la Iglesia, sino también de bienes propios y comunes de municipios y destruyendo gran parte del patrimonio de la ciudad. Así no es de extrañar que solo unos

---

14   MADOZ E IBAÑEZ, PASCUAL (1806-1870). Ministro de Hacienda que presidió el Consejo de Ministros de España tras la caída de la Reina Isabel II. Es conocido por la desamortización de su nombre en 1855 y por el *Diccionario Geográfico estadístico de España y sus Posesiones de Ultramar.*

años más tarde se decía en documentos históricos: "... la ciudad estuvo circundada de murallas, de las cuales solo se conservan en su centro algunos pequeños trozos".

Si continuamos analizando el plano, observamos que la Brigada Topográfica de Ingenieros Militares representa el tejido urbano como un sistema de espacios libres, calles y plazas, que ahuecan el caserío, y naturalmente, como requería la institución militar, se sitúan con precisión los orificios de comunicación con el exterior, en este caso las puertas abiertas en la muralla. Sin duda era la imagen que en ese momento mejor definía la ciudad, como un ente artificial, cerrado en sí mismo, por imperativo de las condiciones de contorno.

El casco urbano esbozado en el plano es el resultado de superponer a la ciudad medieval las transformaciones operadas en los siglos XV, XVI y XVII, cambios que no afectaron, ni a su forma, ni a la superficie que ocupa, ni a su estructura; solo a la imagen del conjunto.

Mucho antes, el perímetro de la ciudad medieval se había establecido definitivamente, según historiadores locales, cuando Alfonso VIII, rey de Castilla (1158-1214) reedificó la muralla con el fin de consolidar las fronteras de la Ciudad sin incluir en el área cercada el barrio de la Alcallería. Se concluía así el desplazamiento definitivo hacia la zona más alta donde la divergencia de los arroyos del Alamín y San Antonio permitía su expansión.

La reconstrucción gráfica de las cercas que circundaron la ciudad a lo largo de su historia, publicada en el Memorial de Ingenieros de 1846, ha sido la envolvente que ha servido de base para ensayar las posibles disposiciones del caserío durante la ocupación musulmana, incluso para especular sobre su crecimiento hasta alcanzar las dimensiones de la segunda cerca.

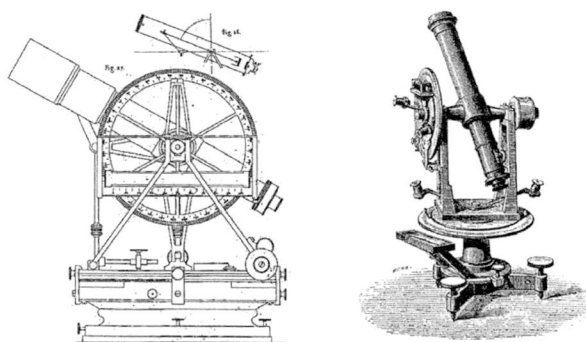

Taquímetro de Porro

Imagen 6. Taquímetro de Porro utilizado en los primeros levantamientos de la Ciudad de Guadalajara.
Fuente Instituto Geográfico Nacional

Estos dos últimos planos fueron los primeros documentos gráficos que se levantaron, utilizando técnicas topográficas apropiadas, instrumentos de dibujo, estuches matemáticos, pantómetras, compases y aparatos de medición como planchetas, cadenas de agrimensor, la estadía y el taquímetro de Porro (imagen 6). Todos ellos de utilísimo empleo y frecuente aplicación en los trabajos y estudios que realizaba el ingeniero militar.

Mapa 7. Plano de Guadalajara realizado por la Brigada Topográfica de Ingenieros Militares en 1849.
Fuente: Archivo Municipal de Guadalajara

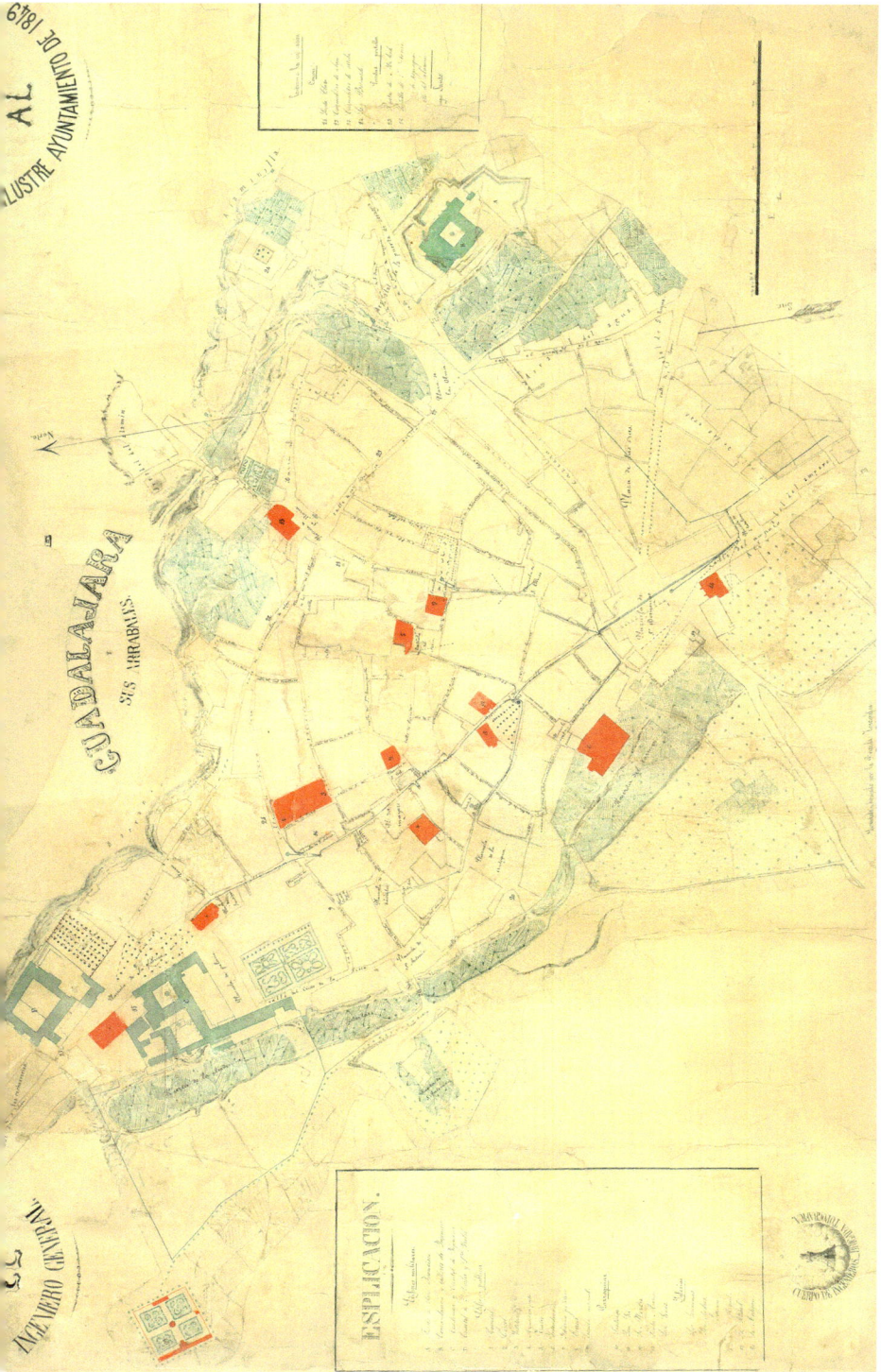

Los instrumentos mencionados y otros utilizados en topografía clásica en el proceso del levantamiento de distancias, ángulos y desniveles gozaban ya de unas características constructivas y una precisión técnica, capaces de apreciar mediciones longitudinales y angulares inferiores a la tolerancia exigida en el proyecto a desarrollar.

A los planos mencionados hay que añadir el expuesto en la página anterior, de título "Guadalajara y sus arrabales" (mapa 7), dibujado a color; en rojo, las parroquias; en azul oscuro, el Cuartel de San Carlos, el Fuerte de San Francisco y las instalaciones militares; y en azul claro, los arrabales; con un fondo en color siena que le engrandece y logra un agradable impacto visual. Este plano se ejecutó unos años antes, concretamente en 1849, por la Brigada Topográfica de Ingenieros Militares y firmado por el Ingeniero General.

Quizás su elaboración responda al encargo efectuado por el propio Ayuntamiento, como apunta García Bodega, A.[15], para dar cumplimiento a la Real Orden de Planos Geométricos, de 25 de julio de 1846, según la cual los Ayuntamientos de crecido vecindario debían proceder a levantar "El plano geométrico de la población, sus arrabales y paseos", con el fin de disponer de una herramienta elemental para proyectar futuras actuaciones y para evitar los conflictos que solían ocurrir con motivo de la construcción de edificios de nueva planta y reedificación de los antiguos.

Cuenta además con una aportación fundamental, como es el conocimiento de un gran número de calles desaparecidas durante el siglo XIX que, una vez localizadas en la cartografía

15 GARCIA BODEGA, A. (2006): *Guadalajara y los ingenieros militares.* Colegio Oficial de Arquitectos de Castilla La Mancha. Demarcación de Guadalajara.

GUADALAJARA.

Mapa 8. Plano de Guadalajara. Atlas de España y sus Posesiones de Ultramar.
Francisco Coello. Año 1860.

actual, ofrecían una nueva distribución heredera de un largo proceso histórico. Es importante valorar la representación de las vías o calles principales y aquellos edificios de alta significación, sobre todo los centros religiosos.

Otro plano muy importante, (mapa 8) fue el que representó a Guadalajara y extrarradios, fechado en el año 1860. Su autor es Francisco Coello de Portugal y Quesada[16], capitán de Ingenieros, que posteriormente alcanzó el grado de teniente coronel y más tarde el de coronel, en 1865. El plano se publicó en el "Atlas de España y sus Posesiones de Ultramar" (1847-1870) y es considerado como el documento gráfico por excelencia y mapa más completo de la segunda mitad del siglo XIX. En él se reflejaron la morfología de la ciudad y la totalidad de su estructura urbana con esmerada precisión.

Contiene de una forma clara la trama urbana de la ciudad y las comunicaciones de su extrarradio, con los edificios más notables, religiosos, civiles y militares, notas explicativas de los mismos y toponimia. Como dato relevante, señalar que se muestran los espacios libres de edificación dentro de cada manzana. Esta inclusión pone de manifiesto la ocupación en planta de lo realmente construido, y ayuda a componer la imagen de la ciudad de aquel momento.

En el plano de Coello identificamos claramente que el casco histórico o núcleo urbano central está formado por un triángulo que ocupa la elevación estratégica del territorio construido,

16 FRANCISCO COELLO DE PORTUGAL Y QUESADA (Jaén, 1822-Madrid, 1898). Destacado militar, capitán de Ingenieros y más tarde coronel. Cartógrafo reconocido por introducir la cartografía moderna en España. Elaboró el *Atlas de España y sus posesiones de Ultramar (1848-1880)*. Ingresó en el ejército a los 11 años, formándose en la Academia de Ingenieros de Guadalajara.

apareciendo claramente grafiados los dos barrancos que le rodean. El eje central de este triángulo, verdadera espina dorsal o eje vertebrador, estaría formado por las actuales calles Miguel Fluiters y Mayor. Desde este eje, que actúa como divisoria del cerro testigo, hacia los dos lados, va descendiendo la ciudad hasta llegar a los barrancos.

Imagen 7. Fachada principal del Palacio de los Duques del Infantado. Fuente: Archivo Municipal de Guadalajara

Este eje central comienza y acaba con dos hitos urbanos importantes, el Palacio de los Duques del Infantado, al norte, y la Iglesia de San Ginés, antiguo convento de Santo Domingo, al sur. Ambos son protagonistas de los espacios abiertos urbanos de mayor superficie en el casco antiguo, la antigua Plaza de la Fábrica, hoy plaza de España y la plaza de entrada a la ciudad por la puerta del Mercado, hoy Plaza de Santo Domingo. No obstante, la distancia entre ellas hace que no sean percibidos como remates urbanos.

En este plano además vemos representado por primera vez, de forma precisa y contundente, el Palacio de los Duques del Infantado, catalogado como bien de interés cultural, construido a finales del siglo XV, por orden de Iñigo López de Mendoza, segundo duque del Infantado. Obra magistral del arquitecto Juan Guas.

Por la riqueza arquitectónica de su fachada, junto con su Patio de los Leones, bien merece su muestra en las imágenes 7 y 8. Así mismo se presenta su plano de plantas (mapa 9), ejecutado por personal del Instituto Geográfico Nacional de cuyos archivos se ha extraído.

Imagen 8. Patio de los Leones del palacio de los Duques del Infantado

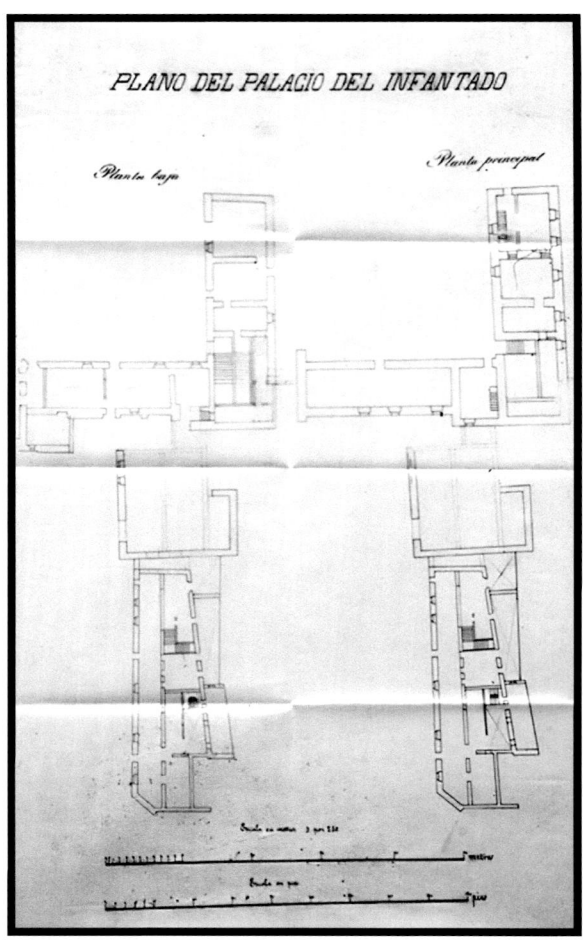

Mapa 9. Plano del Palacio del Infantado. Fuente: Instituto Geográfico Nacional

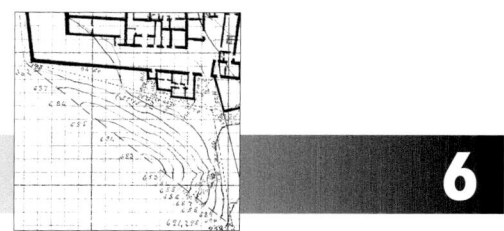

6

Finales del XIX
y el Instituto Geográfico y Estadístico.
Su influencia en la cartografía histórica de la Ciudad.

Se puede asegurar que en la segunda mitad del siglo XIX comienzan a realizarse los mapas o cartas generales que hoy en día documentan nuestra ciudad y son fuentes fundamentales para analizar el urbanismo de Guadalajara.

Esta nueva etapa cartográfica, que se desarrolló con la adopción de nuevos sistemas de medición y proyección, promovió el paso de la geodesia, que proporciona la red de apoyo, a la cartografía, utilizando sistemas de referencia apropiados, proyecciones cartográficas y escalas definidas.

Fue precisamente a finales del siglo XIX cuando se produjo la creación del Instituto Geográfico y Estadístico, con atribuciones en disciplinas como la Topografía y la Cartografía. Posteriormente este organismo será el Instituto Geográfico Nacional, creado por Real Decreto de 12 de septiembre de 1870.

A partir de entonces realmente se inician los trabajos necesarios para expresar una verdadera representación gráfica del territorio español, utilizando metodologías que consistían en determinar la forma y dimensiones del terreno, con triangulaciones geodésicas y topográficas de diversos órdenes, nivelaciones de precisión, así como la determinación y conservación de los tipos internacionales de medidas y la realización del mapa topográfico nacional y del mapa catastral.

En éstos se relaciona con todo detalle, desde las dimensiones y escalas de las hojas o planos, hasta las plantas de edificaciones relevantes. Además, en la lectura detallada de legajos adjuntos se expresa con rotundidad que los planos y mapas de Guadalajara ejecutados por dicho Instituto Geográfico y Estadístico comprenden además del terreno, edificaciones, bienes de interés, construcciones subterráneas, edificios militares, etc.

Buena muestra de ello lo observamos en el mapa 10 donde encontramos levantamientos individualizados, a escala 1/500, de edificios sacros y monumentos relevantes de la Ciudad, como las Parroquias de San Gil y Santa María La Mayor, ermitas de San Roque y Nuestra Señora del Amparo, ya desaparecida, que se situaba frente a la Prisión Provincial, y la ermita de San Sebastián, situada en la calle homónima, emplazada en el actual colegio Marista, institución que imparte educación católica, de la congregación fundada por Marcelino Champagnat, con amplia presencia en España.

En cada una de las plantas representadas se diferenciaban los espacios ocupados por la sacristía, el prebisterio, la capilla…, con acotaciones en el interior y exterior del edificio que delatan los datos y operaciones realizadas "in situ", a base de poligonales que aseguraban la precisión del levantamiento.

Mapa 10. Levantamientos individualizados de monumentos relevantes a escala 1/500. Fuente: Instituto Geográfico Nacional.

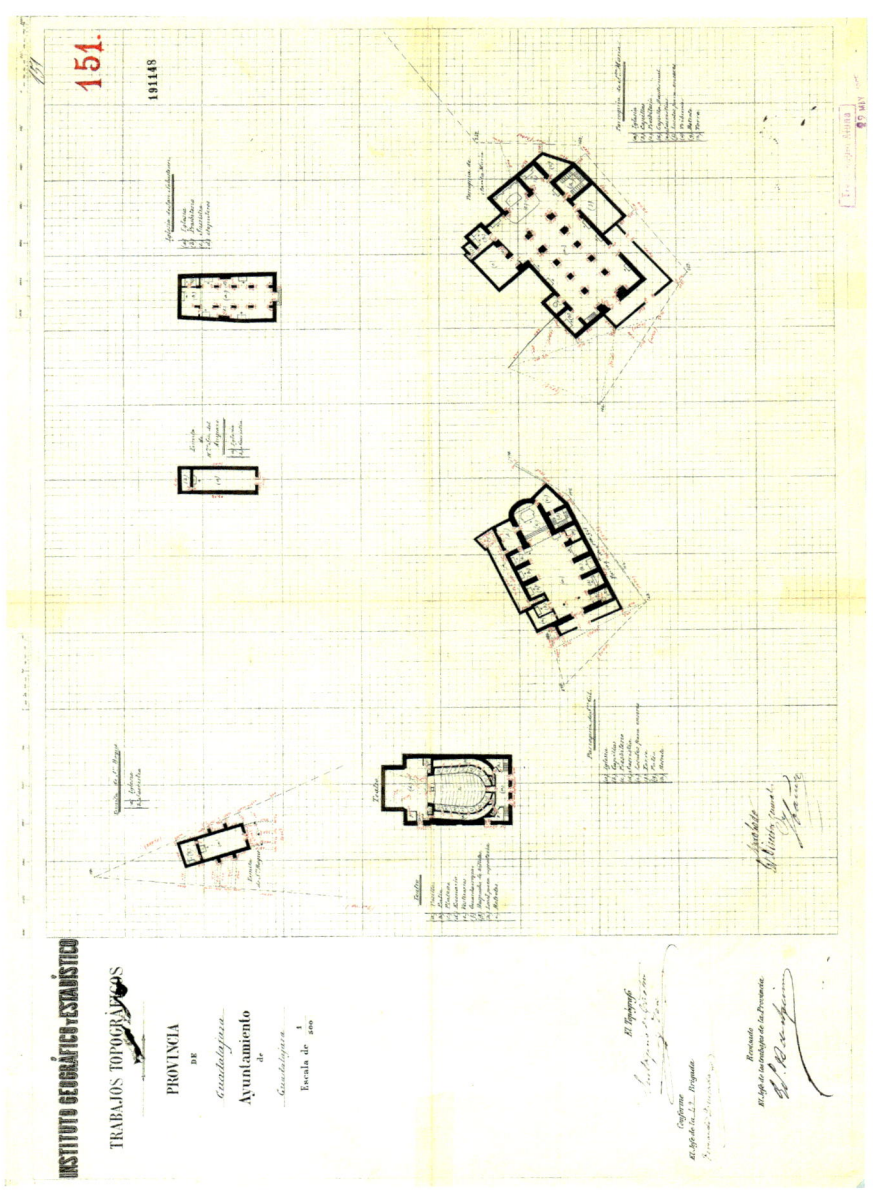

El contenido de lo representado en cada uno de los mapas ejecutados se acomoda a las ordenanzas oficiales de la época que expresaban instrucciones y normativa para la ejecución de mapas, planos y levantamiento de edificaciones, con el fin de homogeneizar la cartografía de ciudades españolas[17]. Gozan además de calidad técnica y métrica, con gran belleza y estética, como si de una obra de arte se tratara. Su lectura e impacto visual induce a adentrarse tanto en la ciudad antigua como en los edificios y monumentos representados y abre el camino de la especulación científica.

Especialmente interesante para el estudio del documento es la leyenda explicativa contenida en cada uno de los planos, así como el uso de cada uno de los habitáculos que componen el edificio representado. En la leyenda se conjuga la racionalidad lógica y la gráfica-expresiva, convirtiéndose en la clave de ese doble entendimiento, científico y estético, que en definitiva persigue todo mapa.

Así mismo y con el fin de ordenar la toma de datos de campo, parte integrante del documento, se realizaba un croquis de la realidad del territorio que se pretendía levantar. Los dibujos resultantes de estos croquis reproducen con gran precisión las dimensiones y proporciones del territorio representado, siendo por tanto de una gran ayuda en el levantamiento final.

Tales dibujos individualizaban los diferentes elementos que componían el levantamiento mediante líneas y puntos que permitían representar sintéticamente el ámbito territorial del trabajo a realizar. Aportaban pues, la síntesis gráfica del levantamiento proporcionando una visión completa del mismo. En la mayoría

---

17 BONET CORREA A. (1991): *Cartografía militar de plazas, fuertes y ciudades españolas. Siglos XVII y XIX*. Planos del Archivo militar francés, Madrid. Instituto de Conservación y Restauración de Bienes Culturales.

de las ocasiones los levantamientos se encuentran cuidadosamente conservados y catalogados.

Fundamentalmente esta cartografía se caracteriza por representar la forma, dimensiones y ubicación de los inmuebles, y por incluir información detallada sobre parcelas y construcciones. Contiene además de la representación gráfica, información atributiva y descriptiva sobre cada inmueble levantado, características del suelo y topografía del terreno en el que se encontraba el edificio.

Sirva como ejemplo el mapa 11 en el que se ve representado el Cuartel de San Carlos, Convento de San José, la Casa de Maternidad, la Iglesia Concatedral de Santa María y el levantamiento topográfico del trazado del barranco del Alamín, con curvas de nivel de equidistancia 1,00 metro y altitudes absolutas, lo que nos permite conocer, a título ilustrativo, que la plataforma del Cuartel de San Carlos se situaba a la altitud de 668,00 metros sobre el nivel medio del mar en Alicante.

En este mismo levantamiento se aprecia la gran profundidad que tenía el barranco con respecto a las plataformas donde se ubicaban los edificios mencionados y la pendiente del talud, superior al 70 %, que existía entre éstos y el fondo del propio barranco. Las curvas de nivel, casi juntas, así lo delatan.

La barrera natural que supuso durante tantos años el barranco del Alamín, a efectos de crecimiento por la zona norte de la ciudad, fue salvada al convertir el barranco en un majestuoso parque fluvial, con amplias zonas verdes de recreo articuladas en torno a una saneada y canalizada lámina de agua.

Para ello, tuvo que redactarse el correspondiente proyecto de expropiación de los terrenos hortícolas ocupados y un nuevo proyecto que incluyera las obras de urbanización del polígono de Aguas Vivas, situado al otro lado del barranco y del sector urbanístico UP-7 que habían sido objeto del desarrollo urbanístico ya iniciado por el Ayuntamiento, en abril del año 1990. El nuevo polígono de Aguas Vivas se denominada así por la fuerza con que bajaban las aguas pluviales hasta desembocar en el propio barranco, debido a la topografía abrupta de su suelo y de gran pendiente.

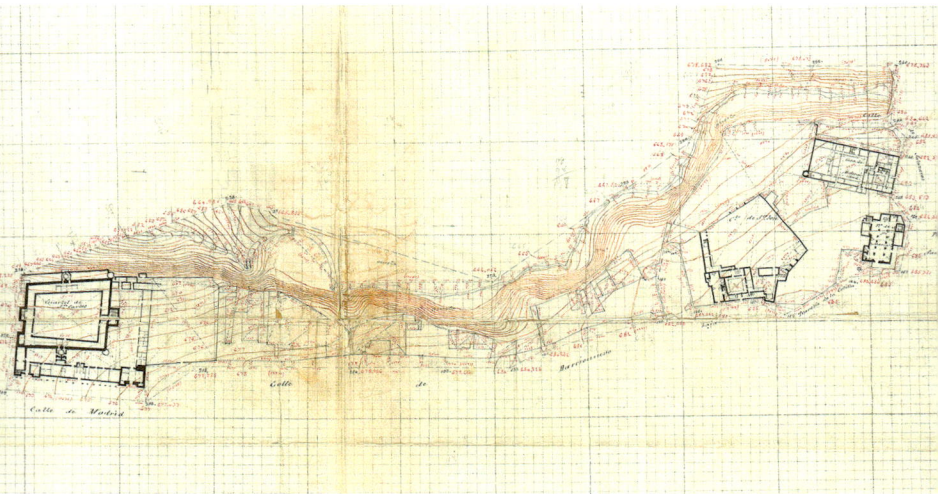

Mapa 11. Levantamiento del trazado del arroyo del Alamín, Cuartel de San Carlos, Iglesia de Santa María y Casa de Maternidad. Fuente: Instituto Geográfico Nacional

El acceso rodado y salto se produce precisamente desde la Plaza de España, antigua Plazuela de la Fábrica y del Infantado, hasta el Polígono de Aguas Vivas, a través de un túnel subterráneo, prolongación de la Avenida del Ejército, con trazado en forma de "s" alargada, llegando a afectar puntualmente, bajo rasante, los actuales jardines de las instalaciones militares, donde precisamente se ubicaba la Brigada Topográfica del cuartel de Ingenieros Militares.

El encuentro de dicha vía con el polígono de Aguas Vivas se produce en el mismo Parque Fluvial, mediante un puente que salva el desnivel existente entre la gota de agua encauzada y la glorieta que reparte el trazado viario del polígono, a muy pocos metros del actual Auditorio integrado en el propio Parque.

Las obras realizadas como consecuencia del túnel subterráneo son aprovechadas para la remodelación de la Plaza de España, cuyo resultado nos muestra constantes detalles y réplicas a la fachada principal del Palacio del Infantado, con puntas de diamante a pie de la Plaza, que llegan a realzar, más aún si cabe, el propio Palacio del Infantado.

En base a estos y otros acontecimientos, con el análisis de esta cartografía se puede realizar una investigación documental y bibliográfica, además de una interpretación y análisis de la construcción física de la ciudad por etapas históricas, completada con una breve introducción de los hechos sociales.

Esta colección cartográfica de la década 1870-1880 fue objeto de una exposición, en el marco de las Jornadas sobre Arquitectura Técnica y Urbanismo celebradas en el Centro Cultural de Ibercaja, Obra Social de Guadalajara, en fecha marzo de 2015, siendo comisarios de la misma el profesor Trallero Sanz[18] y el autor de este trabajo de investigación.

---

18 ANTONIO MIGUEL TRALLERO SANZ. Es Doctor Arquitecto por la Universidad Complutense de Madrid y Doctor en Historia del Arte por la Universidad de Alcalá. En la actualidad es Profesor Titular de dicha Universidad. Autor de numerosas revistas y libros como "*El patio renacentista alcarreño*" (1988). Recientemente ha publicado "*Las reformas interiores en Guadalajara en el primer tercio del Siglo XX: La transformación de una ciudad conventual*". En el año 2016 es galardonado

La exposición que estaba compuesta por más de medio centenar de mapas (si bien en esta investigación se muestran sólo algunos por falta de espacio), nos permite conocer con exactitud centimétrica donde se situaba ese rico patrimonio que disponía la Ciudad y otros monumentos de interés arquitectónico.

Es obligatorio señalar que a los primeros documentos gráficos, que con rigor científico y precisión técnica representaron el espacio geográfico del territorio de Guadalajara, siguieron los planos de detalle y las plantas, con una esmerada expresión gráfica, de edificios significativos ubicados en la ciudad, como por ejemplo los inmuebles que se expresan en el mapa 12.

Estos son: La Casa de Maternidad, conventos como el de San José, denominado también Carmelitas de Abajo, e iglesias que se levantaron como edificio independiente y enclavados en el levantamiento topográfico del terreno en el que posaba, como la antigua iglesia de Santo Tomé, hoy Santuario Nuestra Señora de la Antigua (mapa 13).

Mapa 12. Plantas de edificios significativos. La Casa de Maternidad del Hospital, la Iglesia Nuestra Señora de la Antigua y el Convento de San José. Fuente Instituto Geográfico Nacional.

con el Premio "Layna Serrano" de investigación histórica por su trabajo *"Arte mudéjar, pervivencia del mudéjar y neomudéjar en la ciudad de Guadalajara"*. Su actividad investigadora se ha centrado sobre todo en la defensa del patrimonio histórico-artístico de Guadalajara.

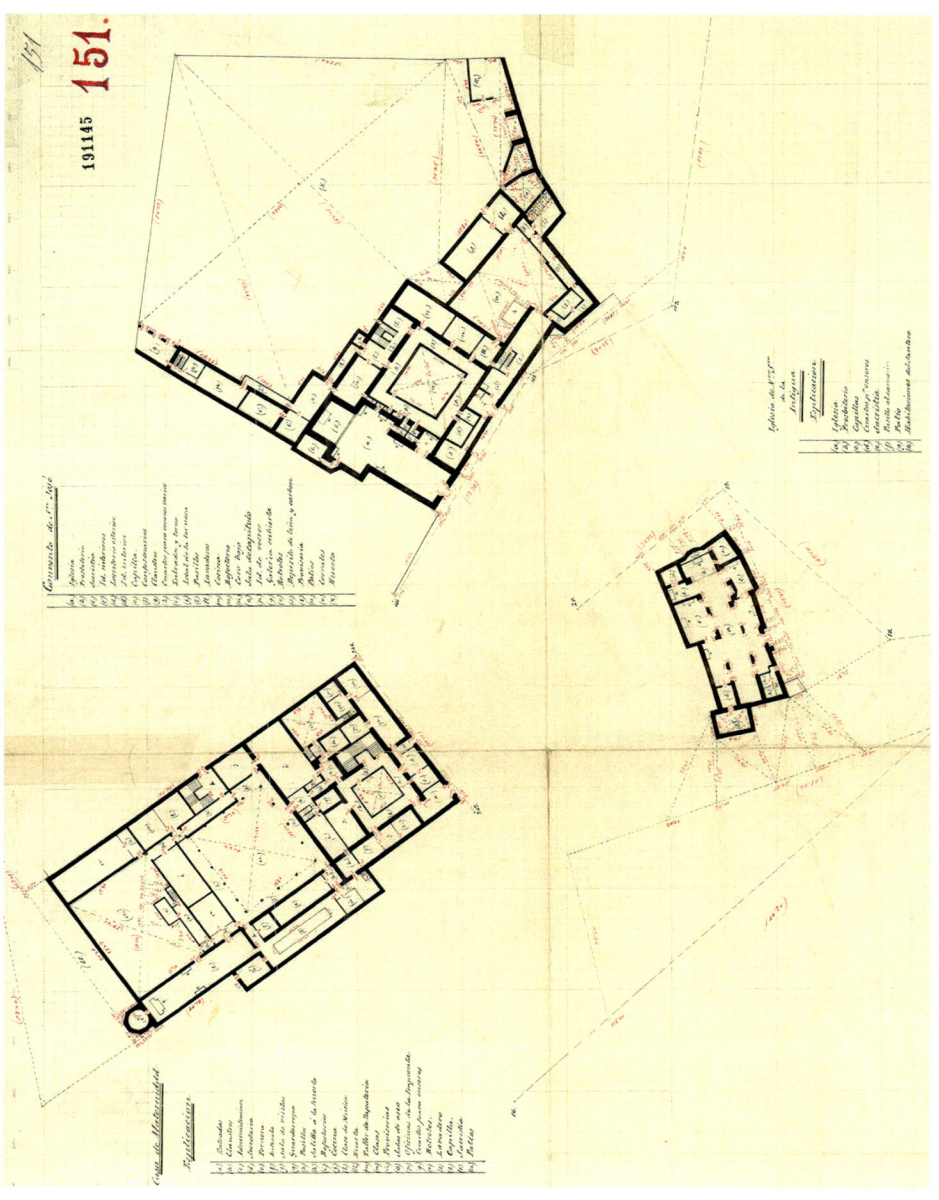

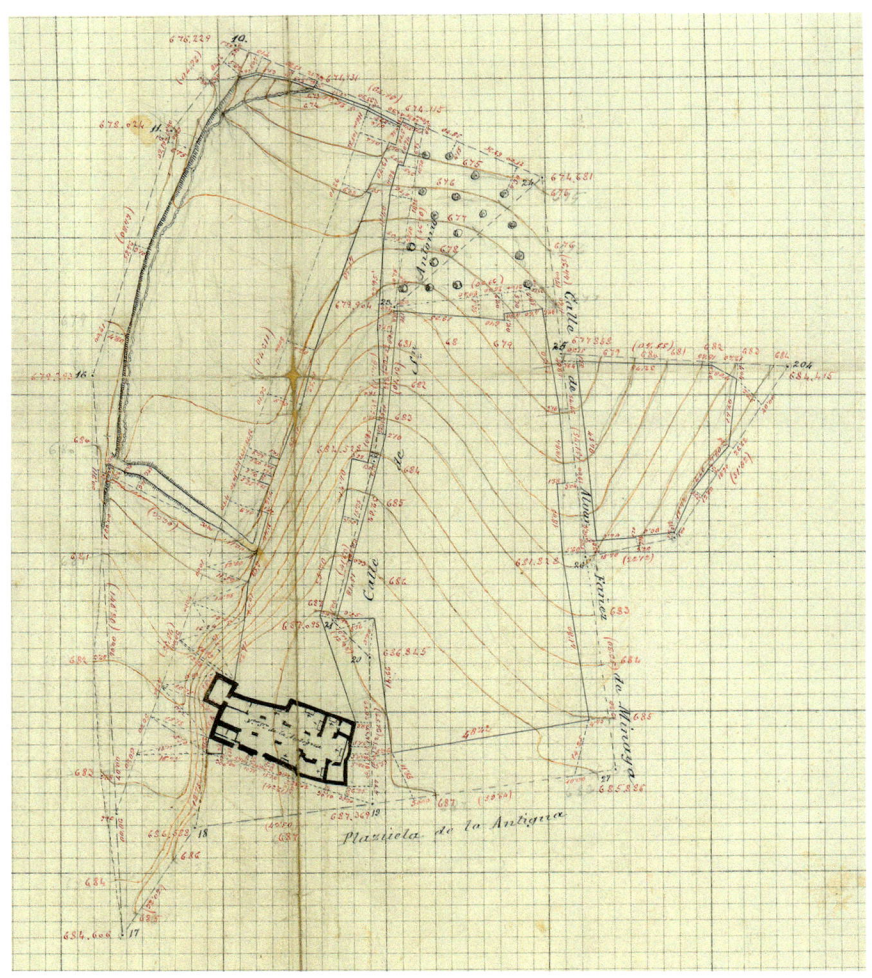

Mapa 13: Levantamiento topográfico del terreno en el que se sitúa
el Santuario de la Virgen de la Antigua y terreno.
Fuente: Instituto Geográfico Nacional

En otros mapas encontramos la representación de edificios de singular interés (mapa 14), como el Convento de Nuestra Señora del Carmen, la iglesia de San Nicolás y la ermita de Nuestra Señora de la Soledad, sustentados en el levantamiento topográfico que nos indicaba el terreno tan accidentado en el que se encontraban, y su situación.

Este mapa nos aporta la gran extensión de terreno que tenía el Convento por la parte posterior del mismo, ocupado por huertas y olivares, e incluso su superficie se extendía, en su lindero sur, hasta alcanzar la ermita Nuestra Señora de la Soledad, que se ubicaba en el inicio del paseo de las Cruces.

De la lectura pormenorizada del mismo, también observamos la antigua ubicación de la iglesia de San Nicolás, emplazamiento que hoy es ocupado por el edificio de Catastro, dependiente del Ministerio de Hacienda, y con anterioridad el Banco de España.

Así mismo, en esta colección cartográfica, encontramos el levantamiento de otros monumentos como el Palacio del Infantado y otros que existían en aquélla Guadalajara, pero que por desgracia, ya han desaparecido, como es el caso de la antigua Parroquia de Santiago, representada en el mapa 15, y de la que ya se habló con anterioridad, ubicada en la Plaza de La Fábrica, concretamente enfrente del Palacio del Infantado.

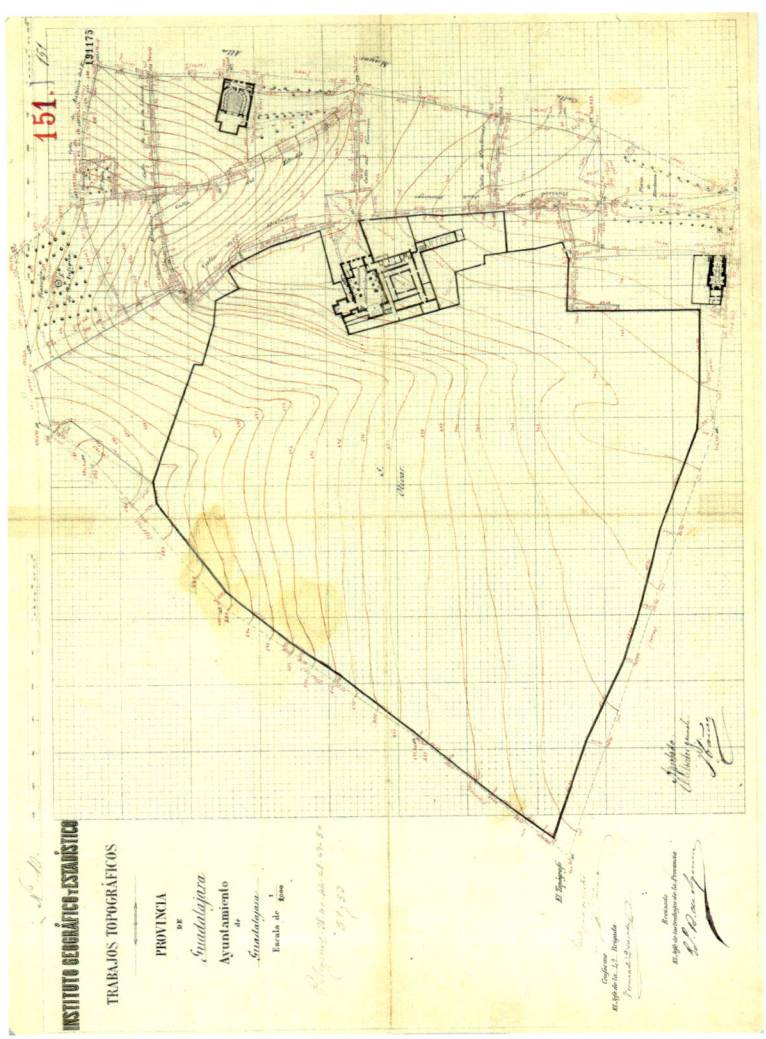

Mapa 14. Levantamiento topográfico de terrenos donde se sitúan
el convento Nuestra Señora del Carmen, la antigua iglesia de San Nicolás
y la ermita Nuestra Señora de La Soledad

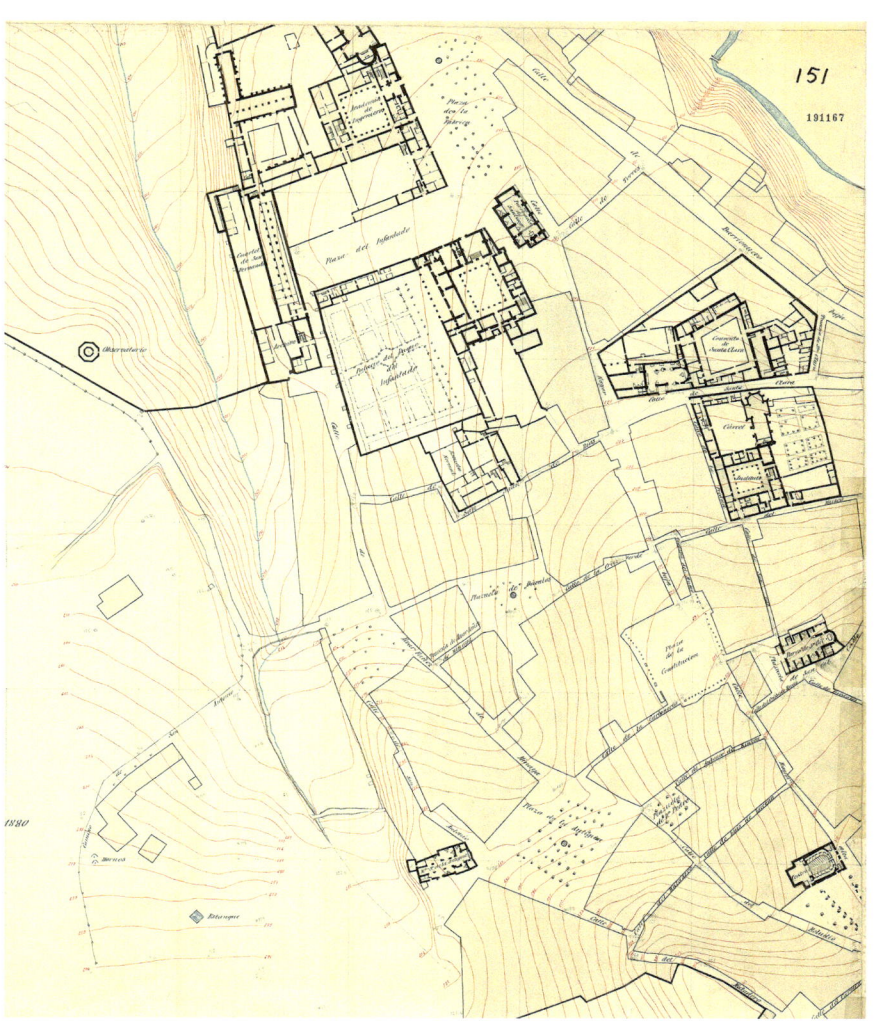

Mapa 15. Palacio del Infantado e Iglesia de Santiago desaparecida.
Fuente Instituto Geográfico Nacional

Otro de los monumentos desaparecidos es el Convento de las Carmelitas de Arriba, perfectamente representado en la cartografía ejecutada por el Instituto Geográfico y Estadístico. Se encontraba en la antigua calle de Barrionuevo Alta, según la cartografía histórica, hoy denominada Santiago Ramón y Cajal, concretamente entre la Plaza de Santa María y la Plaza de Bejanque (mapa 16).

Desgraciadamente fue derribado por el bombardeo que sufrió la Ciudad el 6 de diciembre de 1936 y aunque posteriormente fue restaurado, la demolición completa del monumento se produjo en el año 1976, obligando a que las religiosas marchasen a un nuevo edificio situado en el barrio anexionado de Iriépal.

Gracias a la cartografía histórica, objeto de estudio, podemos conocer la ubicación exacta del monumento. La superposición de este mapa 16 con la cartografía actual nos indica que se situaba entre las calles Doctor Creus (Budierca en el mapa) y Pescadores, donde ahora se encuentran construidos dos bloques de viviendas separados por la calle Fernando Palanca.

El excelente levantamiento topográfico, a escala 1/1000 y equidistancia de curvas de nivel de 1,00 metro, no solo nos brinda la posibilidad de saber la situación exacta del convento, también nos muestra la distribución de cada uno de los habitáculos que disponía, el relieve del terreno y el entorno en el que se encontraba, al borde de la zona urbana, casi en la periferia y delimitado por las vías de paso mencionadas, con frente de fachada a la calle de Barrionuevo Alta.

Además, en el levantamiento aparece la manzana donde se ubicaba el Palacio de los Guzmán, hoy convertido en residencia universitaria y donde anteriormente se ubicaba el Cuartel de la Guardia Civil. Al norte del mapa, con las curvas de nivel tan juntas, se adivina el trazado del barranco del Alamín.

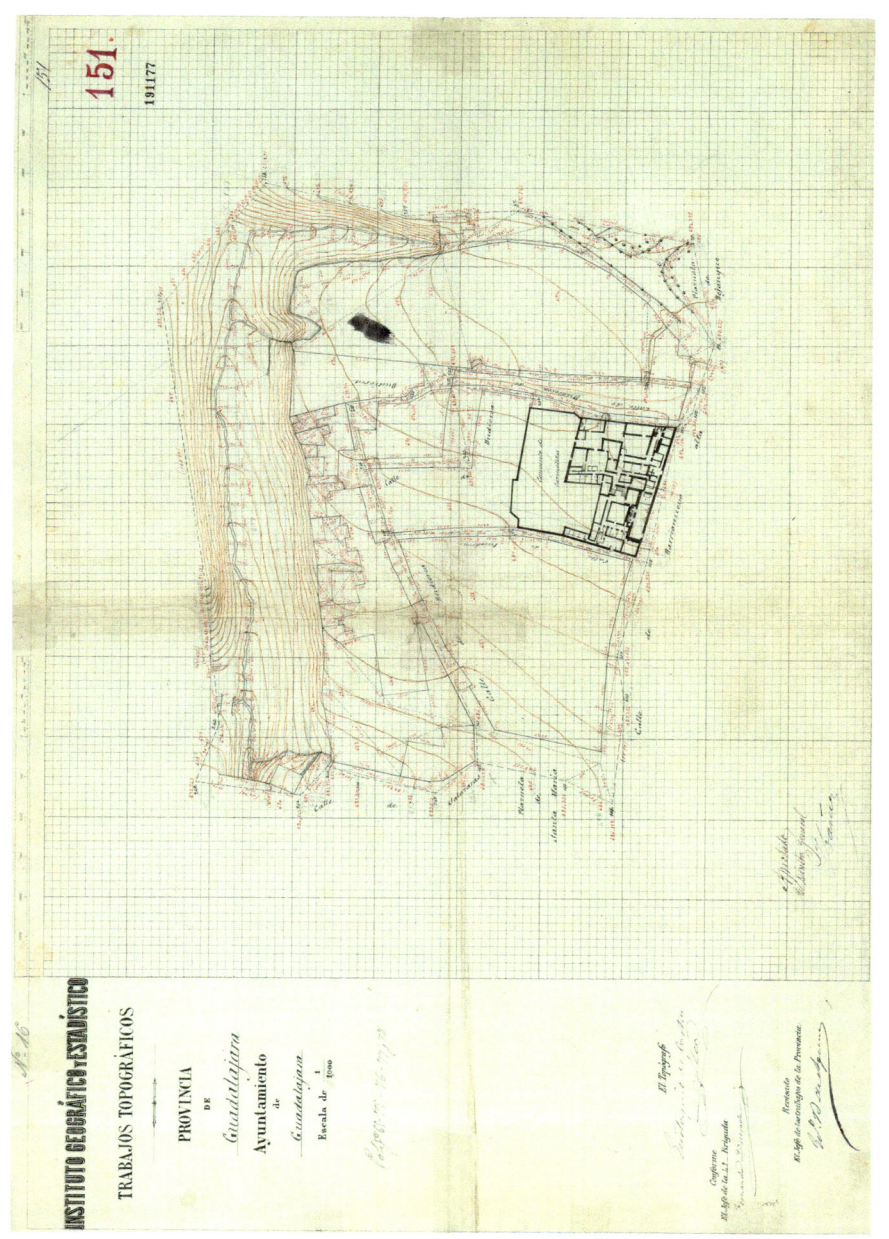

Mapa 16. Convento de Las Carmelitas de Arriba y entorno.
Fuente: Instituto Geográfico Nacional

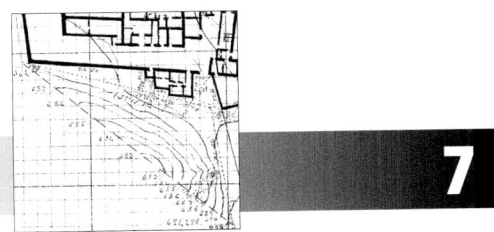

7

La cartografía
como instrumento de investigación

En los mapas presentados y en los siguientes que a continuación se exponen, pertenecientes a la colección cartográfica expresada, se ve reflejada, no solo la Ciudad con esmerada precisión y en su verdadera dimensión. También se grafían importantes edificaciones y elementos constructivos que existen en el interior de los monumentos representados y que hasta entonces se carecía de su representación, así como su encaje y distribución en el casco urbano.

Son los primeros documentos gráficos donde se recogen los efectos de la desamortización de Mendizábal, iniciada a finales del siglo XVIII. En el caso de Guadalajara fueron realmente importantes los conventos que mantenían la función religiosa, que en aquel momento eran cuatro, los dos de Carmelitas, denominados de Abajo (Convento de San José) y de Arriba (expuesto anteriormente), el de Santa Clara y el de San Bernardo, también desaparecido (mapa 17). Comprobamos cómo el mapa es un útil eficaz de análisis temático.

Es evidente que la concepción del mapa implica un mínimo conocimiento del edificio o monumento a representar, de tal forma que el mapa impone, necesariamente, un primer esfuerzo en la aprehensión de unos fundamentos, conceptos, relaciones constructivas y patrimoniales del propio edificio, de los elementos o habitáculos que lo componen y del ámbito espacial en el que se encuentran.

La envolvente de cada uno de los edificios significativos representados y el uso o momento en el que se encuentran nos determina la comprensión de la historia vivida en ese momento por la propia sociedad.

En ese sentido se puede utilizar el documento cartográfico con unos fines de investigación, pues el mapa es un útil racional cuyo uso se coloca entre la observación del propio terreno, del propio edificio representado y la interpretación que hagamos de él. El mapa en definitiva es un instrumento de conocimiento y de investigación como modo de expresar unos resultados, en este caso, consecuencia de los efectos de la propia desamortización.

Así, sabemos que el convento de San Francisco estaba ocupado por la Maestranza del Cuerpo de Ingenieros; el de la Epifanía estaba dedicado a la Intendencia de la ciudad, aunque ya había sido cuartel de caballería, donde además se alojaban los quintos de la población, y se desalojó para instalar allí el hospital; el convento de la Concepción (también llamado de los Paúles), situado en la Plaza Moreno, era el hospital civil y militar, aunque estaba cedi-

Mapa 17. Zona norte de la Ciudad. Carmelitas de Arriba y de Abajo (Conventos de San José). Fuerte de San Francisco y el Convento de San Bernardo. Fuente: Instituto Geográfico Nacional

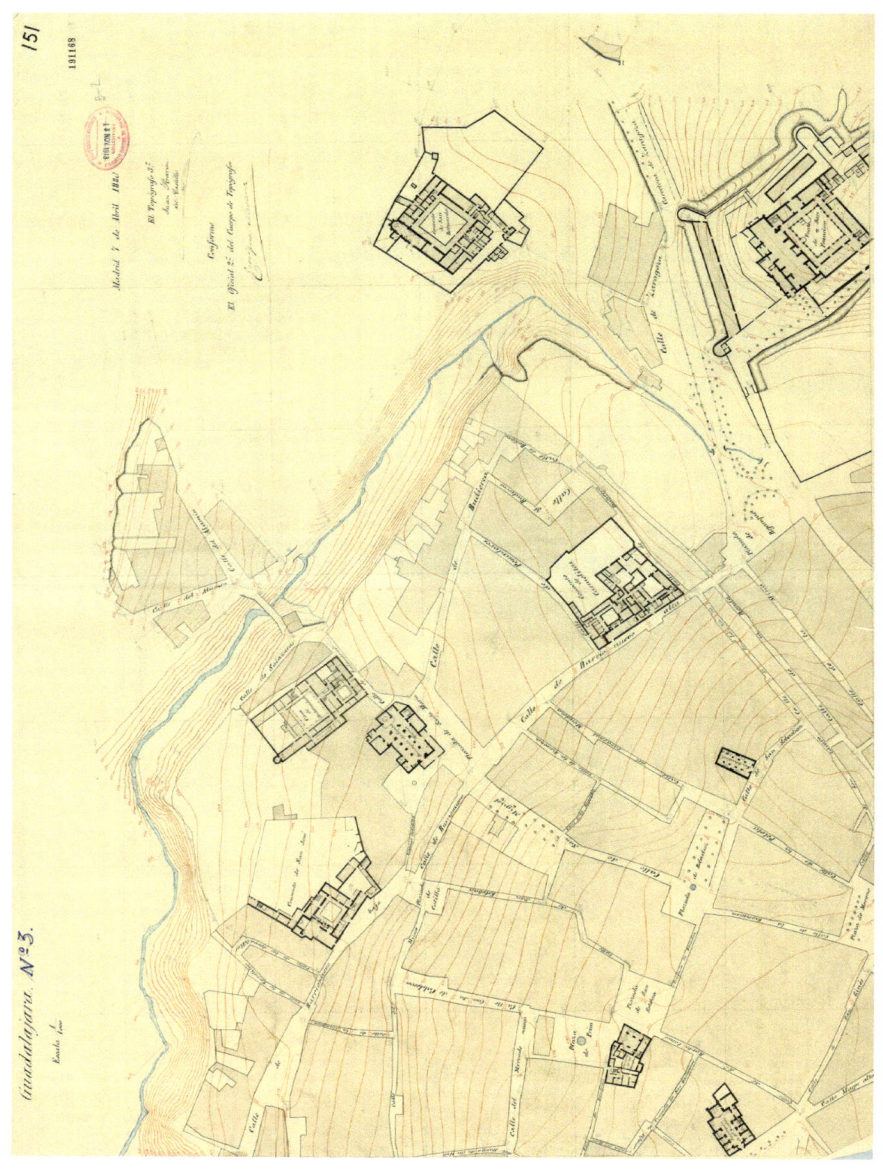

do al ramo de Guerra para ampliación de las instalaciones de la Academia de Ingenieros; el convento de la Piedad era compartido por el Instituto de Enseñanza Media y la cárcel, y el edificio del Hospital de la Misericordia, atendido por los hermanos de San Juan de Dios, se utilizaba como Escuela Normal de Magisterio.

Estos nuevos usos otorgados al monumento histórico sugieren problemas y cuestiones nuevas en la observación del mapa. En muchos casos, cabe preguntarse qué relaciones se establecen espacialmente entre los distintos edificios históricos enumerados, y si el fenómeno de la desamortización pudo despertar la inquietud por elaborar un mapa dinámico que expresara su evolución.

El Instituto Geográfico y Estadístico no era ajeno a ello y seguía aumentando la colección cartográfica que respondiera a la necesidad de facilitar a la sociedad información cartográfica, geográfica, espacial, temática, válida, precisa y con garantía de calidad, homogeneidad y conservación.

A esta colección también pertenece el plano general de Guadalajara presentado a escala 1/5000 (mapa 18), en el que ya encontramos que se da un paso más en el aspecto técnico y de georreferenciación, pues se observa la triangulación y encaje con la red topográfica. En este plano están situados los edificios más notables de la ciudad, religiosos, civiles, militares, y además se reflejan los espacios libres de edificación dentro de cada manzana. Esta última observación pone de manifiesto la ocupación en planta de lo realmente construido y ayuda a componer la imagen de la ciudad de aquel momento.

Mapa 18. Plano general de Guadalajara y red topográfica. Fuente: Instituto Geográfico Nacional

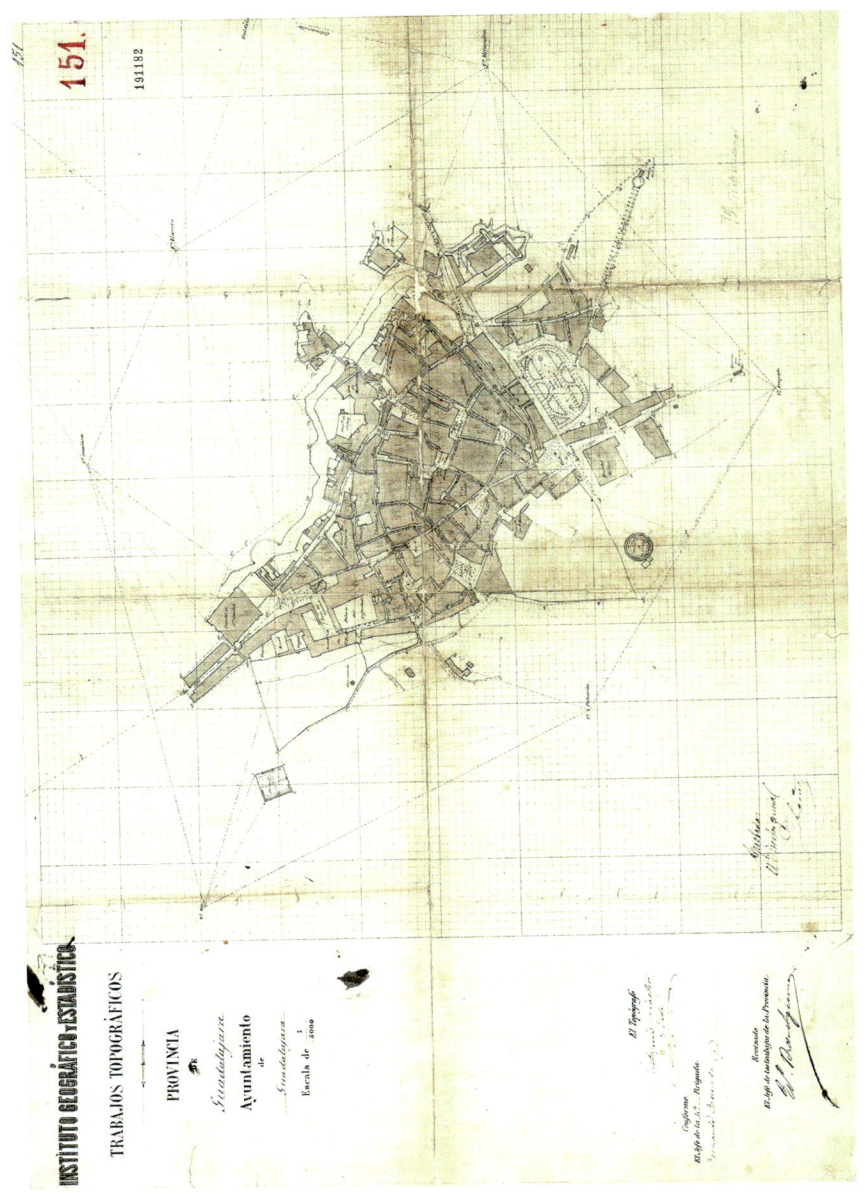

De la lectura pormenorizada de este mapa general podemos comprobar la dimensión espacial primitiva de la Ciudad, pues si ésta se construye siempre en el tiempo, la dimensión histórica es fundamental para entender la dimensión espacial en cada momento concreto. Espacio, forma y entorno son el resultado de las actividades humanas, dentro de una estructura social cambiante, inmersa en diversos procesos culturales y económicos.

Desde esa perspectiva, se puede analizar la sucesión de hechos urbanos que ocurrieron en la Guadalajara primitiva, tomando como elemento base el mapa o la cartografía para poder identificar las huellas de la presencia humana, siempre superpuestas a otras huellas anteriores, y valorar las permanencias integradas en la imagen de la ciudad y su significado.

Precisar el momento de la construcción de cada uno de los edificios grafiados en este plano general y las circunstancias que determinaron las transformaciones sucesivas, con la información disponible en el momento actual, no sería posible. Sin embargo podríamos analizar con detalle la forma en la que se ha ido transformando la ciudad, así como ensayar algunas hipótesis que nos lleven a profundos *procesos de investigación* (Claval y Wieber[19]), y de *exploración* (Barreré y Cassou-Mounat[20]), pues es en la cartografía histórica donde observamos etapas fundamentales de aproximación directa al espacio geográfico que conforma la ciudad.

Estos autores expresan que toda transformación del espacio urbano viene recogida en el mismo plano en el que se plasma la realidad de una ciudad a la espera de afrontar las transforma-

---

19 CLAVAL Y WIEBER J.C. (1969): "*La Cartographie Thématique comme méthode de recherche*". Cahiers de Géographie de Besancon, 18-19. 2 Vols: I, 188 pp.; II (Documents), 125 pp.

20 BARRERE, P. & CASSOU-MOUNAT (1972): *Le document géographique*. Paris. Masson et Cie.

ciones urbanas que habían de acometerse en etapas posteriores, pero también recoge la herencia de un pasado, manifestado en la distribución de sus calles, así como en los espacios libres y en el parcelario que habían generado.

Precisamente el parcelario y los espacios libres recogidos en los seis mapas, a escala 1/1000, que componen la colección donde se representa detalladamente Guadalajara delata la poca o nula evolución espacial de la Ciudad a finales del siglo XIX. Es en estos documentos cartográficos donde podemos percibir que la geometría del casco urbano no varía.

La Ciudad no crece, solo se remodelan en el interior algunos espacios o se adecentan y acondicionan edificaciones de calado artístico-arquitectónico, con continuos cambios de uso, sobre todo en aquéllos que envolvían las Plazas de La Fábrica y del Palacio, centro neurálgico de Guadalajara en esa época. (Mapa 19).

La lectura de estos mapas nos aproxima a la ciudad heredada en cada momento. Podemos detectar las claves de cada desarrollo posterior y diferenciar los polos del dinamismo urbano acaecidos en esa época. Dicho de otra forma, la cartografía histórica constituye el sistema lógico bajo el que se ha construido la teoría geográfica, no es simplemente una herramienta descriptiva o una ilustración, sino el lenguaje lógico, matemático y geométrico sobre el cual se construye la ciencia geográfica[21]. Efectivamente, esa afirmación sintetiza el núcleo del pensamiento de William Bunge en su obra *Theoretical Geography* (Geografía Teórica), publicada en 1973.

---

21 WILLAM BUNGE (1973): *Theoretical Geography.* Lund. C.W.K. Gleerup, Publishers. Segunda edición. 290 pp, 1973.

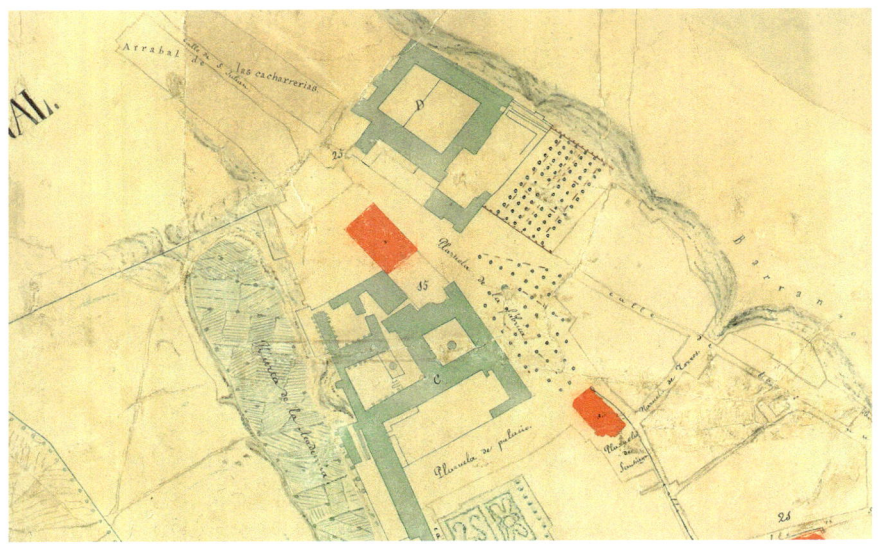

Mapa 19. Plazuelas de Palacio y de la Fábrica.
Brigada Topográfica de Ingenieros Militares

Además, el análisis meticuloso en el contenido de los planos permite distinguir que se han producido cambios sustanciales en la realidad urbana para fijar inmediatamente el marco donde inscribir el hecho urbano. Buen ejemplo de ello lo podemos observar en el mapa 20, donde se aprecia la desaparición de una gran parte de la manzana ocupada por la edificación que daba resguardo a las instalaciones militares, concretamente al Cuartel de Ingenieros. Muchas de estas instalaciones fueron demolidas, y en la actualidad donde se ubicaban estos edificios, parte integrante del patrimonio histórico de la ciudad, se pasea la red viaria de la Avenida del Ejército en su encuentro con la denominada Plaza de España.

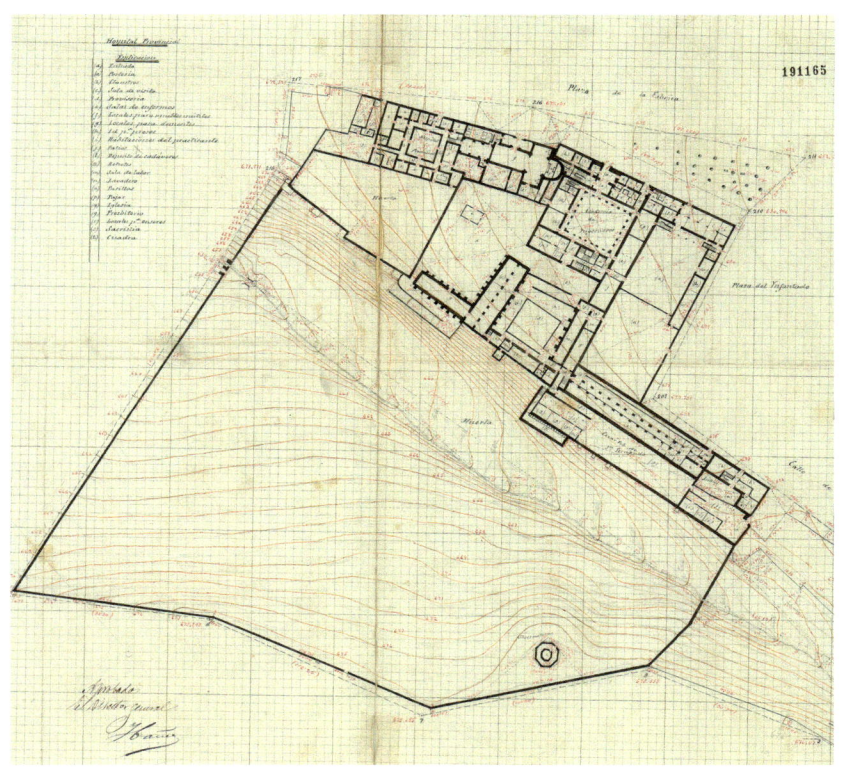

Mapa 20. Plantas de instalaciones militares del Colegio de Ingenieros
y de la Iglesia de Los Remedios.
Fuente Instituto Geográfico Nacional

Este hecho nos lleva a afirmar con rotundidad que el mapa constituye un elemento primordial para el geógrafo y urbanista, tanto en la investigación como en la presentación de resultados, como así lo señala Goodchild[22], figura clave en la Ciencia de la

---

22   GOODCHILD, (1992): "*Geographical information science*" International Journal of Geographical Information Systems.

Información Geográfica. Se basa en la premisa de que los sistemas de información geográfica no solo almacenan datos, sino que son herramientas analíticas capaces de generar conocimiento espacialmente referenciado.

La cartografía referenciada nos conduce al análisis que podemos hacer en cuanto al aspecto técnico de estos mapas históricos, centrándonos sobre todo en la utilización de un sistema de coordenadas para ubicar los inmuebles en el espacio, lo que permite una georreferenciación precisa.

Por otra parte la fiabilidad que estos planos daban a los modelos topográficos, acompañados de una carga matemática en los cierres de los polígonos que participan en la triangulación evidencian la calidad métrica de los elementos representados.

A todo levantamiento le acompañaba una carga infinita de números relacionados con el elemento representado y multitud de operaciones trigonométricas necesarias para el cálculo de sus coordenadas. Resaltan los símbolos altimétricos y las curvas de nivel, con equidistancia de 1,00 metro, que señalan las distintas elevaciones, así como la perfecta definición geométrica de los edificios que se representan.

Los planos levantados, además de ser unos instrumentos de trabajo de investigación y de exploración, se convertían a veces en una guía para viajeros. Con su aparición se empieza a tener una verdadera representación de la Ciudad, y por primera vez se conoce la verdadera fisionomía y configuración geométrica de su suelo.

En la planimetría, únicamente aparece el manzanero que componía la estructura urbana de la ciudad y en algunas edificaciones se grafían los patios interiores, lo que evidencia el conocimiento que se tenía del casco urbano y de los monumentos y edificios importantes. También se hace hincapié en la topografía, apareciendo, como ya se ha mencionado, las curvas de nivel que nos hace ver lo accidentado del terreno, especialmente al norte del trazado del Barranco del Alamín e incluso en la misma ciudad.

Como hechos anecdóticos divulgativos, basados en espacios públicos y edificios representados en esta cartografía histórica, señalamos la grafía del Parque de la Concordia (mapa 21), que por aquellas fechas ya se encuentra ordenado, deja de ser un erial. El suelo ocupado por la zona verde (color conseguido mediante aguadas) se diferencia de la zona peatonal o de paseo.

En este mapa se muestra la situación exacta de la ermita Nuestra Señora de la Soledad, ubicada enfrente del convento de Santo Domingo, al inicio del primitivo camino de Las Cruces, hoy paseo de Fernández Iparraguirre. Se quemó en 1936 y acabó demolida durante la dictadura para ensanchar la entrada a este paseo, convertido más tarde en bulevar.

En el mapa 22 se representa el mismo convento y la continuidad del camino de Las Cruces por el que se accede a la Plaza de toros, alejada del entonces casco urbano y donde se delata la topografía de su entorno por el trazado de las curvas de nivel.

Posteriormente el camino se convertiría en el Paseo de Las Cruces o Paseo de Fernández Iparraguirre, llamado así en recuerdo de este ilustre guadalajareño, farmacéutico, gran botánico y lingüista que impulsó el idioma volapük en nuestra Ciudad. El Paseo, de tremendo calado urbanístico, posteriormente se convertiría, junto con la Plaza de Santo Domingo, en lugar de encuentro de los habitantes de la ciudad.

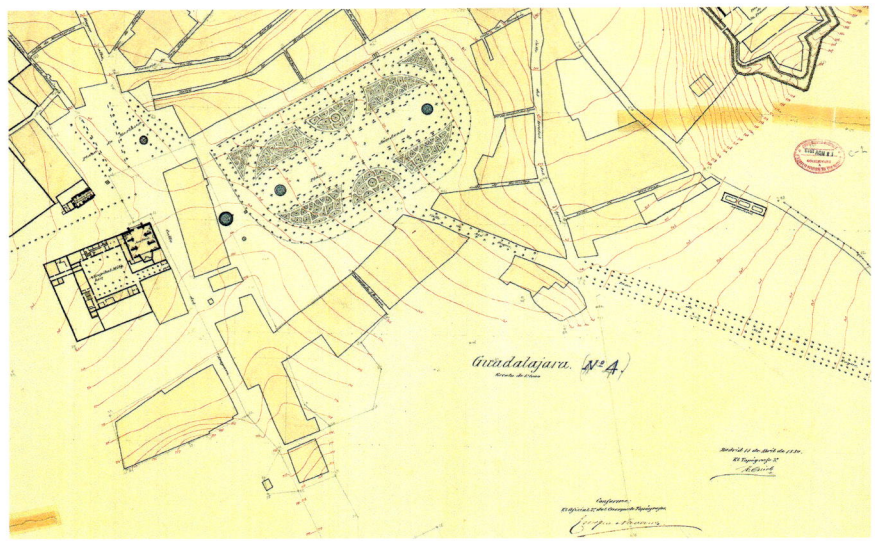

Mapa 21. Parque de la Concordia. A la izquierda, la ermita Nuestra Señora de la Soledad y el Convento de Santo Domingo.
Fuente: Instituto Geográfico Nacional

Mapa 22. Plaza de Toros y camino de las Cruces.
Fuente: Instituto Geográfico Nacional.

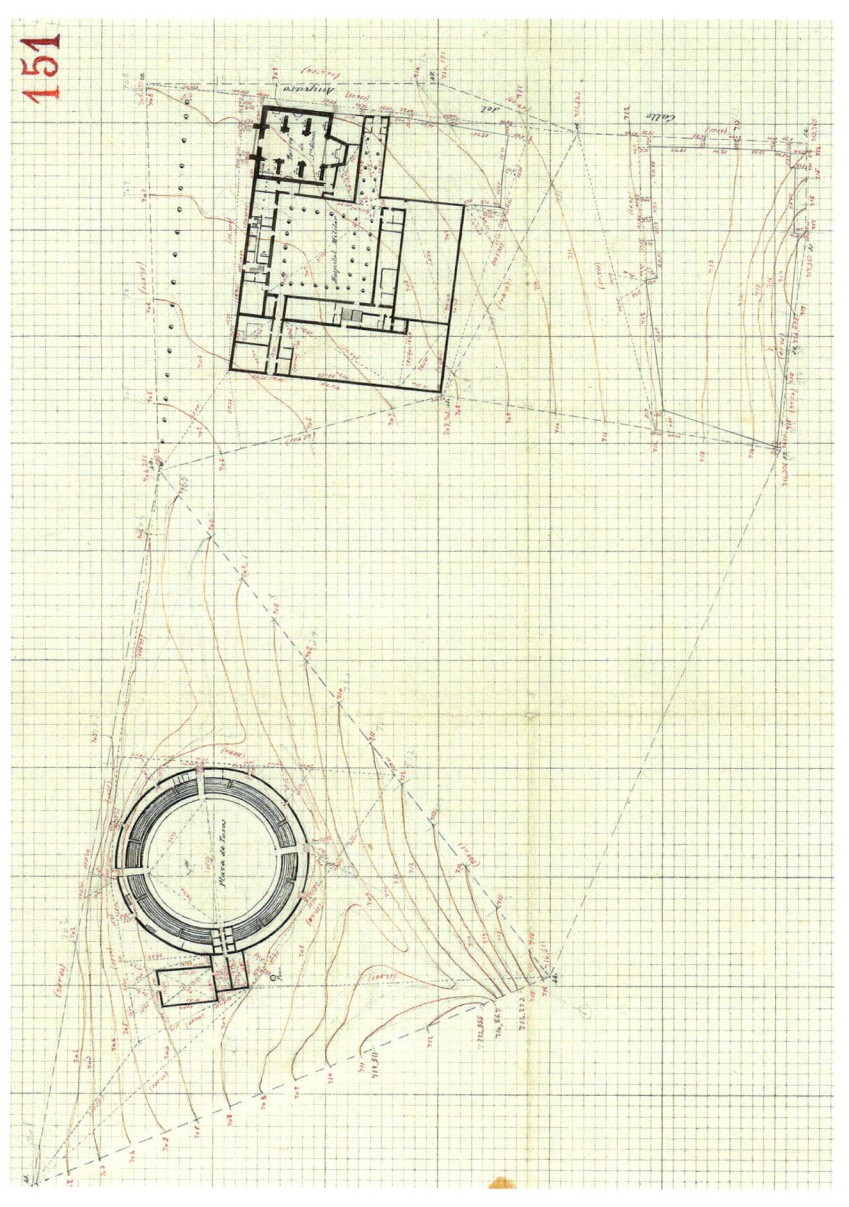

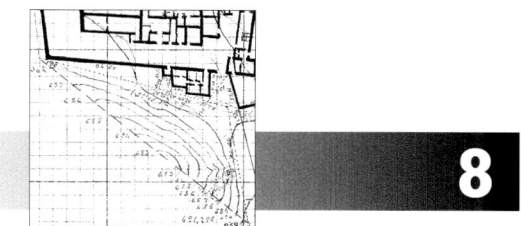

8

Historia y toponimia

Esta última consideración en la denominación que se da al Paseo de Fernández Iparraguirre invita a reflexionar cómo en la cartografía histórica se representan las características geográficas pasadas.

En este sentido, mención especial merece la toponimia que estudia el origen y significado de nombres de lugares y de calles aparecidas en los planos y que, entre otras aplicaciones, hacían la labor de callejeros para el personal viandante.

La Junta Provincial de Gobierno de Guadalajara que se creó con el triunfo de la Revolución, en el año 1868, aprovecha los viales que sostienen a la cartografía tradicional para rendir homenaje a personajes de la historia de España, coincidiendo con la última fase del reinado de Fernando VII, y la década moderada (1844-1854), junto con el bienio progresista (1854-1856) de Isabel II, cuyo reinado, aunque estuvo marcado por la inestabilidad, consolidó el Estado liberal en España.

Quizás por ello vemos nombres de destacados liberales en los viales grafiados sobre la cartografía histórica, mostrando un paralelismo entre ésta y la historia. En este sentido, parece evidente la importancia que tiene la toponimia en la redacción de la cartografía de la época.

Así, observamos cómo esta cartografía sostiene la figura del liberal, Julián Antonio Moreno, para denominar con su nombre (en este caso con su apellido) a una plaza del casco histórico de la ciudad que le da una fisonomía urbana singular y que aparece en la cartografía histórica analizada. La plazuela Moreno, que es así como se denomina en la cartografía histórica, se caracteriza sobre todo porque en ella se ubica el Palacio de la Diputación (edificado entre 1880 y 1883). En esta plaza se situaba el Convento de Nuestra Señora de la Concepción y la primitiva Iglesia de San Ginés, muy cercana al trazado actual de la calle Juan Miranda.

Precisamente, esta calle es denominada así en honor del que fuera alcalde de Guadalajara, Juan Miranda Abreu, que creó en 1852 el matadero para el suministro de carnes a las carnicerías de la ciudad. El lugar elegido fue una parcela de propiedad municipal cercana al Santuario de la Virgen de la Antigua. A partir de ese momento, la calle en donde se instaló el matadero municipal pasó a denominarse como Cuesta del Matadero (es *cuesta* porque la calle tiene cierta pendiente), y como curiosidad cabe añadir que el actual Museo Francisco Sobrino se ubica en las instalaciones remozadas y readaptadas que ocupaban el matadero.

La calle Juan Miranda también hace esquina con la calle Juan Bautista Topete, una de las vías más tradicionales de Guadalajara, muy corta, de escasa población y típica en el callejero, denominada en la cartografía histórica como calle de San Ginés, pues conducía al testero de la primitiva iglesia de tal nombre, antes referida. Esta calle está dedicada al Almirante Juan Bautista Topete y Carballo (1821-1885), héroe de la Revolución de 1868 y destacado marino español.

Da frente a esta calle otra plaza denominada Marlasca, que nace como consecuencia de la redacción muy posterior de un estudio de detalle urbanístico. De José Marlasca, a quien se le honra poniendo el nombre de esta plaza, sabemos que fue otro destacado liberal que participó en la Guerra de la Independencia.

Como Moreno, este personaje histórico ya había estado en el callejero de Guadalajara, según Orea Sánchez, J.[23], desde finales del primer tercio del siglo XIX hasta el final de la Guerra Civil, en su caso dando el nombre a la actual Plaza de Santo Domingo que, después de la guerra y hasta 1981, se denominó del General Mola.

También aparece en la cartografía histórica el nombre del general catalán Juan Prim, personaje fundamental en el reinado de Isabel II pero, sobre todo de la Revolución Gloriosa que terminó con aquel reinado. Prim, asesinado en el año 1870, fue capaz de demostrar sus dotes de gobernante, haciendo respetar el orden y proporcionándole una nueva monarquía a España con la proclamación de D. Amadeo de Saboya. La Plaza del General Prim, junto con la Plaza colindante denominada San Esteban, son puntos de referencia en el callejero de la Ciudad, ubicadas en la zona central del casco histórico.

En la Plaza de San Esteban se sitúan el caserón de los condes de Palazuelos y el Palacio de los condes de Medina, de aspecto manierista, del siglo XVII, perfectamente representado en la cartografía histórica analizada. Fue utilizado después de la Guerra Civil como sede de la Sección Femenina durante todo

---

23   OREA SÁNCHEZ, J. (2023): "*200 años del 'liberticidio' de Moreno y Marlasca*". Semanario Nueva Alcarria. Guadalajara.

el franquismo y, posteriormente, allí se instaló la Delegación del Ministerio de Cultura, en la Transición democrática, y después la de Educación y Cultura de la Junta de Comunidades de Castilla La Mancha, que luego fue sede de la Delegación Provincial del gobierno autonómico, hasta su traslado al antiguo edificio de la Caja de Guadalajara situado en la convergencia de las calles Topete (ya citada) y Enrique Chavarri.

Y si hablamos de palacios y plazas que dan nombre a la situación en la que se ubica el monumento, no debemos dejar en el olvido a uno de los mejores palacios de Guadalajara, el de los Dávalos y Sotomayor, construido a finales del siglo XV y principios del XVI, que da nombre a la plazuela (así se denomina en la cartografía histórica) por la que se accede, Plaza de Dávalos, perfectamente representado en la cartografía, donde se grafían las cubiertas de sus salones y su patio central, quizás lo más interesante de este Palacio. En la actualidad se utiliza como Biblioteca Pública del Estado, tras ser comprado por el Ayuntamiento a finales del siglo XX a sus propietarios privados y después cederlo al Estado para este uso.

En este sentido, tampoco nos olvidamos de la Plaza (plazuela en la cartografía) de Santa María, denominada así por la situación que tiene la iglesia concatedral de Santa María de la Fuente la Mayor en la Ciudad, construida durante el siglo XIV, de estilo mudéjar. En la fachada que da a la plaza se encuentra la puerta principal de ingreso al templo.

Así mismo, si visitamos la actual plaza del Concejo podemos observar que todavía perviven las ruinas de la vieja iglesia de San Gil, grafiada perfectamente en la cartografía histórica. Tan sólo queda el ábside mudéjar del siglo XIII, adosado a un edificio contemporáneo, donde se ubican oficinas municipales.

Recordamos que en el plano fechado en 1792 (mapa 4 de esta investigación), donde ahora se ubica este edificio se situaba la Posada contigua a la antigua Iglesia.

Precisamente en la cartografía objeto de estudio, a esta plaza se la denomina plazuela de San Gil, y es que en esta Iglesia, se reunía el Concejo medieval donde participaban los vecinos en asamblea, y el Ayuntamiento celebraba las funciones de la ciudad. Es evidente que existe un paralelismo entre la toponimia refleja-da en la cartografía histórica (plazuela de San Gil) y el nombre actual de la plaza (Concejo), y quizás no sea casualidad que el ábside mudéjar de la iglesia, que todavía perdura, se encuentre a la sombra del edifico municipal.

Todas estas calles Juan Miranda, Juan Bautista Topete y plazas mencionadas que figuran en la cartografía histórica, Moreno, Marlasca, General Prim, San Esteban, Dávalos, Santa María, San Gil, forman parte importante del entramado urbano central de la ciudad de Guadalajara.

Sin embargo, esta trama urbana se ve empañada debido a *proyectos de ordenación urbana* en el siglo XIX donde se delata alteraciones viarias y la desaparición de un total de veintiséis callejuelas o viales muy estrechos, como consecuencia de sus condiciones de insalubridad e inseguridad ciudadanas, y otras, como por ejemplo la callejuela de la Concepción, *"por evitar la indecencia y sus muchos pecados"*. Así lo demuestra Pradillo y Esteban, P.J. en "Una nueva fisonomía urbana de Guadalajara. Sus callejuelas cerradas"[24]. Actas del II Encuentro de Historiadores del Valle del Henares. (Ver mapa 23)

---

24   PRADILLO ESTEBAN, P. J. (1990): *"Una nueva fisonomía urbana de Guadalajara. Sus callejuelas cerradas"*, en Actas del II Encuentro de Historiadores del Valle del Henares, Alcalá de Henares.

Mapa 23. Alteraciones viarias en la Ciudad. Callejuelas cerradas.
Fuente: Pradillo y Esteban, P.J

Parecía evidente que el suelo ocupado por estos viales o callejuelas cerradas, desaparecidos por enajenación del Ayuntamiento, pasaran a formar parte de solares edificables. La fisionomía y estructura urbana de la ciudad cambió y fue detectada en la cartografía, poniendo en entredicho el peligro de generalizar los principios de la *Ley de Permanencia en planos (o el principio de conservación en el planeamiento)*, que radica en la creación de una rigidez que impide la adaptación de las normas urbanísticas a las realidades sociales, económicas o ambientales cambiantes.

Uno de los riesgos principales de aplicar este concepto de forma absoluta es la inflexibilidad ante el interés público, según el cual la doctrina legal subraya que la Administración tiene la potestad de alterar las determinaciones de la ordenación territorial en cualquier momento para ajustarlas al interés general.

Afortunadamente fueron localizadas algunas de aquéllas callejuelas que habían desaparecido y se permitió, con su inclusión, la reconstrucción de los nuevos planos de la Ciudad que ya reflejaba tanto el grafiado de ellas como su denominación.

Los últimos tres planos que se conocen del siglo XIX están fechados en la década de los ochenta, uno de ellos ejecutado por el Ayuntamiento de Guadalajara y los dos restantes por la Brigada Topográfica de Ingenieros Militares. Son de menor importancia pero no por ello dejan de ser relevantes, y más precisos en la representación de las manzanas que configuran la Ciudad, sobre todo los dos primeros que analizamos a continuación. En ellos se delata sobre todo que en este final de siglo, la fisionomía de Guadalajara no cambia, el espacio que ocupa el casco urbano de la ciudad es el mismo. Los tres son planos manzaneros, pero de características bien diferentes.

En el plano de Guadalajara, realizado por el Ayuntamiento (mapa 24), se resalta el casco urbano, pero solo aparece la toponimia de las vías más importantes y de los parajes del extrarradio situados al norte. En el suelo rústico, representado al sur, aparecen las huertas a ambos lados del arroyo de San Antonio y el terreno cultivado que envolvía la periferia, con una representación puntual que asemejaban los árboles frutales y frutos hortícolas.

Mapa 24. Plano levantado del casco urbano de Guadalajara.

Fuente: Archivo Municipal de Guadalajara

En su planimetría, con una geometría limpia y muy aceptable, únicamente aparece el manzanero, con las construcciones que componía la estructura urbana de la ciudad, y en algunas edificaciones se grafían, como ya sucedía en el mapa de Francisco Coello, los patios interiores. Se da por hecho el conocimiento que se tenía del casco urbano, pues al no poderse contemplar estos patios desde la vía pública resultaba inviable obtener "datos de campo" para su representación en el plano.

El segundo plano, (mapa 25), realizado también bajo la dirección de Ibáñez de Ibero, se hace más hincapié en la topografía. Aparecen las curvas de nivel y nos hace ver lo accidentado del terreno, incluso en la misma ciudad. Sin embargo, desde un punto de vista técnico, se detecta algún error en el trazado de ellas, pues de sobra se sabe que nunca pueden cruzar manzanas ocupadas por edificaciones. Las curvas de nivel deben interceptar en la fachada del edificio construido y por definición nunca deben pasear por el propio edificio.

PLÁNO DE
GUADALAJARA

Mapa 25. Plano de Guadalajara dibujado en la década de los ochenta bajo la dirección de Ibáñez de Ibero.

En este sentido, se observa cómo las manzanas construidas que componen la estructura urbana son atravesadas por curvas de nivel como si de un erial se tratara. Únicamente tendrían cabida a su paso por solares, patios interiores o viales. Se olvida el sentido conceptual de las curvas de nivel. Según la normativa cartográfica general, las curvas de nivel, también conocidas como isohipsas, son líneas imaginarias continuas que unen puntos de igual altitud o elevación respecto a un plano de referencia, generalmente el nivel medio del mar, y solo se pueden cortar en los márgenes del plano. Fundamentalmente se utilizan en cartografía y topografía para representar el relieve tridimensional del terreno en dos dimensiones, indicando pendientes y formas.

El plano carece de toponimia tanto para denominar a las calles como a monumentos, iglesias o edificios de relevancia que contiene, o para nombrar a los parajes o arrabales que se distribuyen en la periferia. Como más importantes, el de El Alamín, situado al otro lado del barranco, el Arrabal del Agua (al sur del plano) que da nombre a una las calles situadas en el área del mismo y el de Santa Catalina, al comienzo de la que hoy es la calle Amparo.

En el mapa también se representan y resaltan edificios significativos, como el Convento de San Bernardo, (mapa 26), hoy desaparecido, y el Fuerte de San Francisco, al este, con una geometría muy detallada y precisa que se acomoda a la realidad, y donde se aprecia su estructura defensiva. La construcción de ambos conventos propició el desarrollo de esa zona sureste de Guadalajara, que además se sitúa en el camino hacia Zaragoza, en el arrabal denominado como Bejanque. Ni el nombre de estos conventos ni el de este arrabal aparece en el plano.

Mapa 26. Convento de San Bernardo. Fuente: Instituto Geográfico Nacional.

Esta falta generalizada de la toponimia en el plano es una debilidad que es justo reseñar, pues la cartografía es el documento idóneo donde se debe de resaltar el nombre de edificios relevantes y parajes o arrabales significativos. Solo, gracias a ilustres historiadores[25], como Pradillo y Esteban, P.J., se conoce la denominación de algunos de éstos, como el paraje de Bejanque. Así lo expresa en su ensayo "Organización del espacio urbano en la Guadalajara medieval", (1999). Añade además Pradillo que posteriormente este paraje pasó a denominarse Santa Ana.

Como ha quedado dicho, en el plano se concede mucha importancia al conjunto fortificado de San Francisco, (mapa 27) donde además de su carácter militar se crearon los talleres del material de ingenieros, o Maestranza de Ingenieros. Como base del trabajo manual se había dispuesto una compañía de obreros. En ella se incluían soldados de las unidades del Cuerpo, y de cualquier otro cuerpo del Ejército que lo solicitase.

El taller se estructuró inicialmente en tres secciones: carpintería, ebanistería, y fragua (forja y fundición), pero fue ampliándose hasta convertirse en el T.Y.C.E. (Taller y Centro Electrotécnico de Ingenieros). En Guadalajara se fabricaba todo el material para los parques de campaña y los centrales de toda España, incluso se recibían pedidos de Portugal, Chile y Argentina.

El tercer plano, publicado por la revista popular en el año 1891 (mapa 28), a escala 1/20.000, nos muestra un casco urbano más cuadriculado y más generalista. En el extrarradio se interpretan fácilmente los caminos o sendas que llegaban a la urbe, así como los accidentes geográficos que bordean el manzanero con una geometría bien definida. Los pequeños trazos del suelo

---

25   PRADILLO ESTEBAN, P.J. (1999). "*Organización del espacio urbano en la Guadalajara medieval*", en Wad-Al-Hayara. Guadalajara.

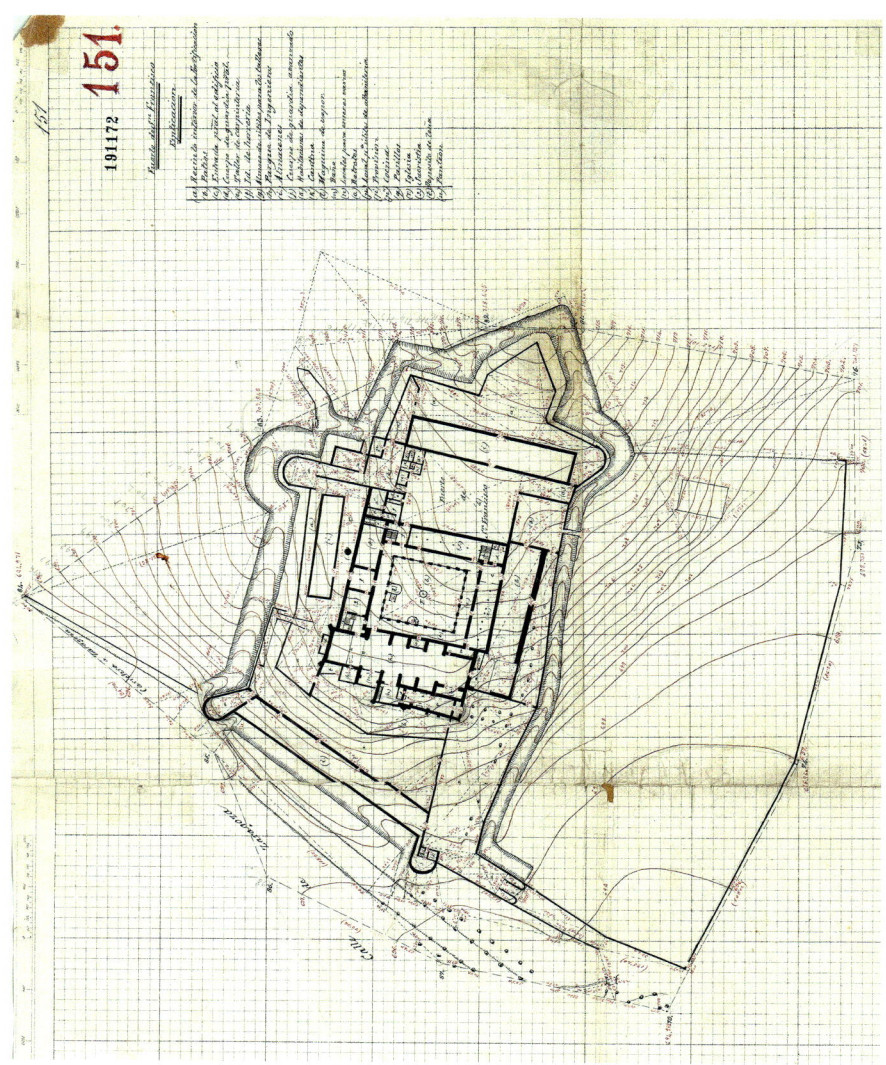

Mapa 27. Fuerte de San Francisco.
Fuente: Instituto Geográfico Nacional.

rústico son suficientes para hacer notar la topografía de la zona sin valerse de las curvas de nivel ni de puntos acotados.

La "tela de araña" que configuran sus calles y caminos no hace más que remarcar el sistema de comunicaciones del viandante. Carece de la toponimia de elementos físicos y parajes que ayudarían a entender el espacio del territorio representado. Tampoco figura ningún tipo de leyenda, ni nombres de viales, calles o plazas.

Mapa 28. Plano levantado del casco urbano de Guadalajara
y extrarradios, publicado en el año 1891.
Fuente: Archivo Municipal de Guadalajara.

Este croquis, según se reseña en el margen izquierdo, está tomado como base del plano levantado por la Brigada Topográfica de Ingenieros en 1849.

En definitiva, tanto en la cartografía del Instituto Geográfico y Estadístico como en los planos de la Brigada Topográfica de Ingenieros Militares y del coronel Francisco Coello de Portugal, e incluso en el plano del Ayuntamiento de Guadalajara, se plasma la realidad de una ciudad a la espera de afrontar las transformaciones urbanas que habían de acometerse en décadas posteriores, pero también recogen la herencia de un pasado, manifestada en la distribución de sus calles, así como en los espacios libres y parcelario que habían generado. (Pradillo y Esteban P.J., 1999).

No obstante, en todas las representaciones, el espacio ocupado por la ciudad en la segunda mitad del siglo XIX aparece casi inmutable, ajeno a los acontecimientos desarrollados en su interior. Resulta de enorme interés, observar como a finales del siglo XIX todavía se mantenía la estructura perimetral de aquel suelo urbano inicial. Las trazas no difieren demasiado de las que podían corresponder a otro momento histórico, cuando Guadalajara alcanzó su mayor esplendor, como ciudad moderna, con el mecenazgo de los Mendoza, verdaderos señores de la misma, a pesar de su condición realenga.

Sin embargo su decadencia se inició al mismo tiempo que la de la casa ducal, dentro de una coyuntura histórica marcada por la recesión económica como consecuencia de una política donde a los dispendios se sumaba la falta de iniciativa para crear verdaderas fuentes de riqueza (García Ballesteros, 1978).

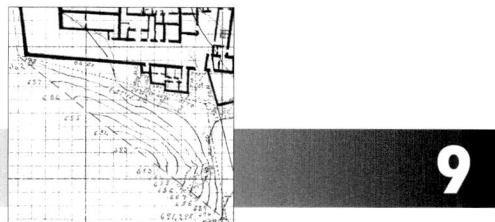

Conclusiones

9.1 Técnica-científica:

La topografía y cartografía estudian el conjunto de operaciones técnicas y científicas que intervienen en la elaboración y análisis de planos y mapas.

Así mismo, si lo representado en estos mapas nos muestra el territorio y monumentos que existían en tiempos pasados, estas disciplinas sirven de herramientas con las que podemos realizar análisis espaciales y arquitectónicos con el fin de conocer características geográficas de ese territorio en una determinada etapa de la historia.

Este proceso lo hemos podido llevar a cabo a través de la lectura realizada sobre la cartografía histórica de Guadalajara, que además de constituir un instrumento de investigación y exploración nos ha permitido un mejor conocimiento de la Ciudad.

9.2 Emocional:

En esta cartografía histórica se ve reflejada la realidad del territorio de Guadalajara en una época determinada. Así cuando nos queremos referir al cambio sustancial que se ha producido en nuestra ciudad, inmediatamente nos servimos de estos mapas.

Su lectura estimula la imaginación para viajar en el tiempo hacia atrás, nos abre los ojos, ayuda a introducimos en rincones que muchas veces pasan inadvertidos y más tarde, cuando la vejez apacigüe, nos brinda el gran tesoro del recuerdo.

10

Anexo.
PROPUESTA DE RECUPERACIÓN DEL PATRIMONIO HISTÓRICO DEMOLIDO EN LA CIUDAD DE GUADALAJARA.

10.1.- Georreferenciación

Proceso por el cual se dota de un sistema de referencia de coordenadas locales o nacionales a un mapa o plano. Es una técnica clave en cartografía que nos permite ubicar con precisión características geográficas en un sistema de coordenadas, garantizando la precisión y la interoperabilidad de los mapas. La georreferenciación es fundamental para integrar datos cartográficos con otros conjuntos de información geoespacial y para planificación territorial.

Como ha quedado expresado y observado en esta comunicación, se dispone de:

- Cartografía del rico patrimonio arquitectónico que se levantaba en el casco histórico de la Ciudad, ejecutada por la Brigada Topográfica de los Ingenieros Militares y por el Instituto Geográfico y Estadístico, hoy Instituto Geográfico Nacional. Mucho de este Patrimonio ha desaparecido o ha sido seriamente afectado por agresivas reformas.

- Esta cartografía que goza de gran precisión está georreferenciada y apoyada en un sistema de coordenadas que compone la red topográfica.

Por otra parte el Ayuntamiento de Guadalajara dispone de:

- Cartografía oficial que refleja el núcleo urbano actual, también georreferenciada a la red geodésica nacional y por tanto en el mismo sistema de coordenadas de la red que sustenta a la cartografía histórica.

- En la representación de esta cartografía oficial municipal se encuentran elementos arquitectónicos y monumentos que también se representan en la cartografía histórica.

Disponemos pues de dos cartografías realizadas en fechas diferentes, a escala 1/1000, en las que se refleja la representación del mismo ámbito y referenciadas en el mismo sistema de coordenadas. La superposición gráfica de ambas cartografías nos daría la situación de cualquier elemento representado en ellas, así como los monumentos arquitectónicos, hoy desaparecidos, que se albergaban sobre la Ciudad y que gracias a esta técnica gráfica cartográfica *se podrían recuperar*, al menos la planta del patrimonio histórico que sea factible.

10.2.- Metodología analítica

Si pretendemos ubicar sobre el terreno, con precisión centimétrica, el monumento arquitectónico a recuperar se deberían utilizar procedimientos de topografía clásica, aprovechando la georreferenciación de ambas cartografías, la red topográfica implantada en la ciudad, y calculando las coordenadas (X, Y) de los elementos que definen las plantas de los edificios históricos.

Posteriormente se replantearían esos puntos utilizando métodos y aparatos topográficos apropiados y se dibujarían sobre la calzada o encintado de acera.

Una vez dibujada la planta sería conveniente utilizar diferente tratamiento de materiales sobre el pavimento para que se pueda observar en el suelo de la ciudad, con suficiente claridad, la situación de la planta del monumento a recuperar. Al lado de ésta se podría situar un atril permanente utilizado como soporte para describir la historia, uso, etc. del monumento arquitectónico replanteado.

10.3.- Señalización de la Red Topográfica

La señalización de los vértices que componen la red topográfica se encuentra implantada en la ciudad mediante clavos de acero, cuya planta y alzado se especifica a continuación. De cada clavo existe un croquis y fotografía, indicando su situación. Además se dispone de las coordenadas X, Y, Z de cada uno de estos vértices.

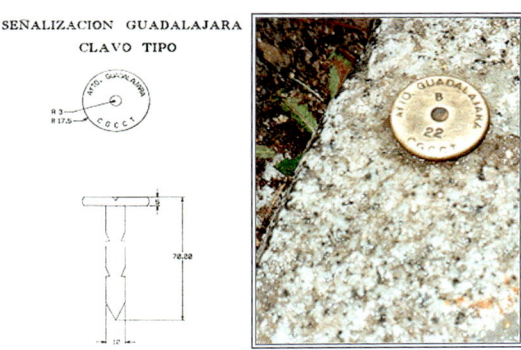

Imagen 9. Planta, alzado y fotografía de la señalización de los vértices que componen de la red topográfica de la Ciudad.

10.4.- Georreferenciación antigua Iglesia de Santiago y ermita de la Soledad

A título de ejemplo, se adjunta a continuación el resultado de superponer o georreferenciar las áreas cartográficas de las zonas donde se situaba la **antigua Iglesia de Santiago**, en la actual Plaza de España, enfrente del Palacio del Infantado, y la **ermita de Nuestra Señora de la Soledad**, enfrente de la Delegación de Sanidad y Bienestar Social, al principio del Paseo Fernández Iparraguirre, en la esquina de la Plaza de Santo Domingo.

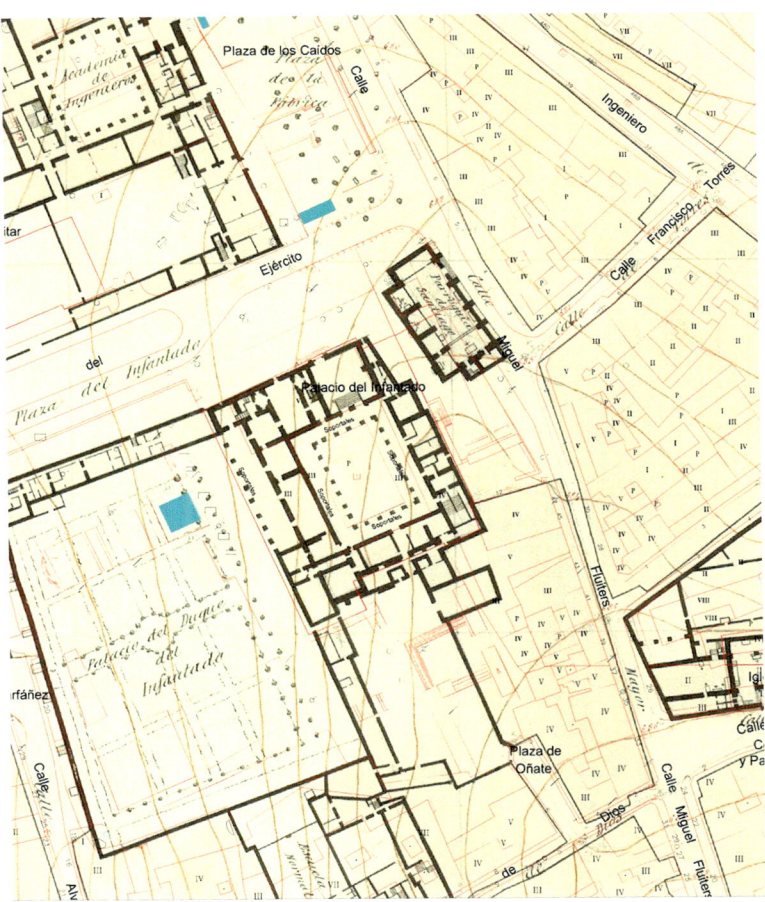

Mapa 29. Georreferenciación. Ubicación exacta de la planta de la antigua iglesia de Santiago insertada sobre la cartografía en la que se refleja el estado actual de la Plaza de España y el Palacio del Infantado. Elaboración propia.

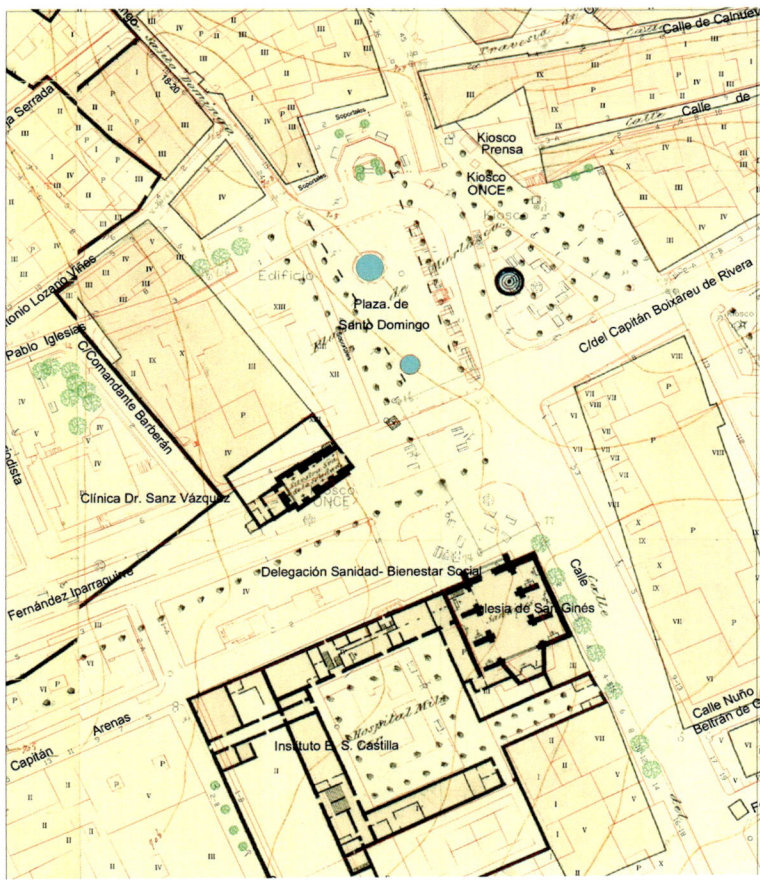

Mapa 30. Georreferenciación. Ubicación exacta de la planta de la antigua ermita
Nuestra Señora de la Soledad insertada sobre la cartografía
en la que se refleja el estado actual de la Plaza de Santo Domingo,
Paseo Doctor Fernández Iparraguirre y la Iglesia de San Ginés. Elaboración propia.

HÍZOSE

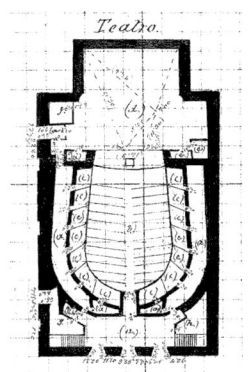

este libro que muestra la cartografía histórica
de la Ciudad de Guadalajara, en los estudios de la
Editorial AACHE de Guadalajara
y acabóse de imprimir el día
18 de abril de 2026,
dedicado a la memoria
de San Perfecto.